Peter Wohlleben

Menschenspuren im Wald

Ein Waldführer der besonderen Art

erkennen • verstehen • einmischen

Inhalt

Wie geht's dem Wald? 9

Natur von Menschenhand 11
    Das Waldreservat – der Urwald von morgen 11
    Kahlschlagswirtschaft: die härteste Form der Waldbewirtschaftung ... 14
    Dauerwald: urwaldfern, aber kahlschlagsfrei 17
    Plenterwald: die urwaldähnlichste Wirtschaftsform 22

Spuren auf dem Boden lesen 25
    Folgen der intensiven Bodenbearbeitung 27
    Fahrspuren schwerer Forstmaschinen 29
    Verdichtungen in Rückegassen 33
    Erosion des Waldbodens durch Harvester und Forwarder 34
    Unterwegs mit 1 PS 37
    Spuren der Vergangenheit 41
    Was Zeigerpflanzen über die Bewirtschaftung verraten 44

Den Wald vor lauter Bäumen sehen 49
    Forstwirtschaftliche Hauptbaumarten 50
    Bäume in Reih und Glied oder lieber wild? 56
    Wildschäden und aufwendige Abwehrmaßnahmen 61
    Bestandespflege – ein unnötiger Zeitvertreib 63
    Astung für makelloses Möbelholz 66
    Durchforstung für mehr Licht im Kronendach 69
    Waldgraffiti – Markierungen an Bäumen 71
    Baumfällung – Spuren an Baumstümpfen 74

Baumschäden durch Fällung und Maschinen 78
Viel Sonne, wenig Bäume – der Kahlschlag 82
Schutzgebiet Bestattungswald 85

Holz am Wegesrand 91
Holz für Möbel, Papier oder Ofen? 91
Markierungen am abfuhrfertigen Holz 96
Wann wurde der Baum gefällt? 97
Reisigbündel zum Verheizen im Kraftwerk 99

Zeichen abseits der Bäume und Wege 101
Unsichtbare Insektizide und Käferfallen 101
Kalk am Boden und aus der Luft 106
Das Waldsterben und seine Ursachen 108
Nistkästen – fragwürdige PR-Aktion im Wald 109
Wege und Plätze für die Forstwirtschaft 112
Warnschilder und Schranken 116

Auf der Pirsch 121
Hochsitze für die Jagd 122
Wiesen und Äcker für das Wild 123
Nur eine Handvoll Mais 127
Salz für das Wild 129
Von Romantik keine Spur 130
Achtung: Aufnahme 131

Spuren unserer Freizeitnutzung 135
Ärgerlich und schädlich: Rallye durch den Wald 136
Menschliche »Wildwechsel« und die Folgen 140
Ernten ohne zu säen: Pilze und Beeren sammeln 143
Stachelbeersträucher unter Bäumen? 145

Was bleibt zu tun? 147
Nicht verzagen, Förster fragen 147
Wem gehört der Wald und wer kann mitbestimmen? 148
Einmischen ist erlaubt 150
Besiegelt: über den Einkauf Einfluss nehmen 152

Mit Geduld ans Ziel 154

Der Autor 155

Wie geht's dem Wald?

Dies ist nicht mein erstes Waldbuch, aber eines, welches mir besonders am Herzen liegt. Denn die bisher erhältlichen Bestimmungsbücher beschränken sich auf Flora und Fauna. Beschränken? Die Standardwerke enthalten Hunderte, wenn nicht Tausende von Arten und spiegeln die Fülle des Lebens in der Natur wider. Und dennoch klafft eine große Lücke, denn die meisten Spuren, die Sie draußen finden können, sind menschlichen Ursprungs. Wir leben in einer Kulturlandschaft, und das gilt auch für unsere Wälder – oder besser Forste, denn echte, unverfälschte Wälder sind in Mitteleuropa nicht mehr zu finden. Lediglich winzige Fleckchen in versteckten Alpentälern mögen noch ein wenig Ursprünglichkeit bewahrt haben, alles andere sind vom Menschen gemachte Wirtschaftswälder oder gar Plantagen.

Auch wenn ich an der aktuell praktizierten Forstwirtschaft Kritik übe, so ist das Anliegen dieses spe-ziellen Waldführers ein ganz anderes. Er soll Sie in die Lage versetzen, zu beurteilen, warum ein Wald so aussieht, wie er aussieht, woher er kommt und welche Geheimnisse er verbirgt. Wie nötig ein solcher Ratgeber ist, zeigt ein Blick in mein E-Mail-Postfach. Immer häufiger werde ich von Bürgerinitiativen, aber auch von besorgten Einzelpersonen nach den Dingen gefragt, die sich vor der Haustür im heimischen Wald abspielen. Welche Absichten verfolgt der Eigentümer? Wird ökologisch oder konventionell bewirtschaftet? Stimmen die Aussagen, die manchmal am Waldeingang auf Schautafeln die Natürlichkeit bewerben, mit den Spuren im Inneren überein? Entsprechen die beruhigenden Worte der örtlichen Förster den Tatsachen oder soll da etwas verschwiegen werden? Mancherorts ist es umgekehrt: Was merkwürdig und verdächtig erscheint, ist vielleicht eine Maßnahme, die dem Wald zurück zur Natur verhelfen soll. Ob ich nicht einmal vorbeikommen und nachschauen könne? Das bringt mich in eine gewaltige Zwickmühle, schließlich ist auch mein Tag nur 24 Stunden lang.

Doch nun können Sie mich einfach im Rucksack mitnehmen, und ich erkläre Ihnen unterwegs, was es im Wald zu sehen gibt. Und da diese Spuren auf Schritt und Tritt zu beobachten sind, kann ab sofort jeder Spaziergang zu einer spannenden Entdeckungsreise werden. Dabei bereisen wir die Vergangenheit, identifizieren verschiedene Nutzergruppen, decken die Ziele der Besitzer auf und überlegen, was jeder Einzelne von uns tun kann, um diesem empfindlichen Ökosystem zu helfen.

Im Wald finden sich überall Spuren menschlichen Ursprungs. Manchmal sind sie leicht zu erkennen – weil der Mensch sich wie die Axt im Wald benimmt –, manchmal sind sie aber auch erst auf den zweiten Blick zu sehen. Genauer hinschauen lohnt sich in jedem Fall.

Natur von Menschenhand

Wenn Sie durch einen Wald wandern, dann fällt Ihnen bei genauerem Hinsehen vielleicht auf, dass er sich in kurzen Abständen im Aussehen verändert. Mal sind es jüngere, dann wieder ältere Bäume, mal Buchen, dann wieder Fichten oder Kiefern. Einige Parzellen sehen verwildert aus, andere dagegen wirken geordnet wie ein Gemüsebeet. In all diesen Unterschieden, aus den Zeichen an den Bäumen, vor allem aber aus der Struktur des Waldes lässt sich ablesen, welches Ziel dort der Eigentümer verfolgt. Soll es ein urwaldähnliches Ökosystem werden? Ist es gar ein Totalreservat (oder einfach eine vergessene Ecke)? Oder feiert hier die tot geglaubte Plantagenwirtschaft eine fröhliche Wiederkehr? Schauen wir uns beispielhafte Parzellen einmal genauer an.

Das Waldreservat – der Urwald von morgen

Dunkler, von mächtigen Kronen beschatteter Boden, dicke Stämme mit Spechthöhlen, umgestürzte Riesen – so sieht ein Urwaldreservat aus. Da hier keine Baumfällungen erlaubt sind, finden Sie in solchen Schutzgebieten auch keine glatt gesägten Stümpfe oder liegende Kronenreste, die beim Abtransport des Holzes übrig geblieben sind. Abgestorbene Bäume sowie heruntergefallene Äste vermodern in der feuchten, windstillen Atmosphäre sehr rasch, sodass es im Vergleich zu bewirtschafteten Wäldern in manchen Reservaten richtig aufgeräumt aussieht.

Kann das bloße Nichtstun ein Wirtschaftsziel sein? Dazu komme ich gleich, doch es gibt noch einen anderen Grund, diese Waldform an den Anfang zu setzen: Da es keine echten, vom Menschen völlig unbeeinflussten Wälder mehr in Mitteleuropa gibt, stellt das Reservat die

Wo der Mensch nicht eingreift, finden unzählige Pflanzen- und Tierarten geeignete Lebensräume.

naturnächste Waldform und damit einen Referenzwert für die ökologische Waldwirtschaft dar. Hier lassen sich ungestörte Prozesse vom Werden und Vergehen beobachten, hier haben die letzten Urwaldarten ein Refugium. Wie sehr Forstwirtschaft dieses Ökosystem verändert, lässt sich nur durch vergleichende Forschung herausfinden, und das ist der besondere Wert dieser Schutzgebiete. Wenn im Folgenden andere Wirtschaftsformen vorgestellt werden, dann können Sie diese vor Ihrem geistigen Auge neben die Reservate stellen und sehen, wie sehr sie von der Natur entfernt sind.

Waldreservate funktionieren wie Urwälder. Sie lagern etwa zehn Tonnen Biomasse pro Jahr und Hektar in Form von lebenden und toten Bäumen sowie Humus ein. Ein Teil dieses Materials wird wieder von Pilzen und Bakterien gefressen und veratmet, doch die Hälfte verbleibt dauerhaft im Ökosystem. So bindet der Wald nach Jahrhunderten über 150 000 Tonnen Kohlendioxid pro Quadratkilometer. Die lebende und tote organische Substanz ist voller Wasser, welches an heißen Tagen an die Luft abgegeben wird und diese deutlich kühlt. Zudem haben die Bäume selbst in Trockenperioden immer Zugang zu genügend Feuchtigkeit für ihre Wurzeln. Viele Tierarten sind auf solch konstante Bedingungen angewiesen. Laufkäfer des Urwalds etwa brauchen eine bestimmte Luftfeuchtigkeit. Werden auch nur einzelne Bäume gefällt, so wird die Luft etwas trockener und die Käfer verschwinden. Selbst die Zusammensetzung der Spinnenarten verändert sich in dem Augenblick, wenn Holz geerntet wird. Die nachgelagerte Nahrungskette der Vögel und Säugetiere beeinträchtigt dies zwangsläufig auch – wie genau, das ist noch nicht erforscht.

Neben der Artenvielfalt geht es aber auch um die Bäume selbst. Von Natur aus wachsen die jungen im Dämmerlicht unter den Kronen der ausgewachsenen Exemplare jährlich nur wenige Millimeter. Ein zwei Meter hoher Baum kann durchaus schon 100 Jahre alt sein, und diese Langsamkeit ist das Geheimnis, warum diese Wesen so lange leben können. Nur bei einem extrem gebremsten Jugendwachstum können sie später ein Alter von mehreren Hundert Jahren erreichen. Das Holz wird dicht und zäh und ist wider-

Jeder Knoten am Zweig steht für ein Lebensjahr.

standsfähig gegen Pilzbefall. Zudem bleibt stets genug Energie übrig, um sich gegen Parasiten zu wehren und eine heftige Krankheit zu überstehen. Solche Geruhsamkeit und solche Bedacht sind in Wirtschaftswäldern gar nicht gefragt und auch schädlich für die Rendite. Wer will schon nach 100 Jahren nur bleistiftdicke Stämme ernten? Wo Bäume bereits nach 80 Jahren ins Sägewerk wandern sollen, legt man auf diese Prozesse keinen Wert. Für die Tierarten, die Buchen oder Eichen erst ab Baumalter 200 besiedeln können, sieht die Sache schon ganz anders aus. Der Mittelspecht etwa benötigt solche alten Recken, hat in forstwirtschaftlichen Fragen aber leider kein Mitspracherecht. Dabei lassen sich Reservate auch anderweitig nutzen, wovon ich ab Seite 85 noch erzählen werde.

Kahlschlagswirtschaft: die härteste Form der Waldbewirtschaftung

Haben Sie schon mal einen Wald von oben gesehen? Auf Luftbildkarten im Internet sieht er oft wie ein Flickenteppich aus. Und auch vom Waldweg aus scheinen die Grenzen zwischen den verschiedenen Parzellen häufig wie mit dem Lineal gezogen zu sein. Fein abgegrenzt wachsen hier die Baumarten, oft je Teilstück nur eine einzige in einheitlichem Baumalter. Solche Wälder stammen aus den Zeiten der Kahlschlagswirtschaft, die gerade leider wieder auflebt. Sie ist die Methode der Wahl für Kontrollfanatiker und stammt aus Zeiten, in denen der Wald völlig ausgeplündert war und wieder aufgebaut werden sollte (siehe Foto auf Seite 15).

Kahlschläge, um die Wälder vor Ausplünderung zu bewahren? Was schizophren klingt, war damals übliche Praxis. Ein Beispiel: Ein Forstbe-

Hier trennt eine schmale Fichtenparzelle zwei Kahlschläge. Die Bäume sind alle gleich alt.

Im Laufe der Zeit hat sich zwar die optimale Quadratform verändert, aber noch immer ist der Wald in sichtbare Altersklassen aufgeteilt.

trieb wirtschaftet mit Fichten. Seine Fläche beträgt 100 Hektar (= ein Quadratkilometer), die Bäume erntet er nach 100 Jahren Wachstum. Im Idealfall entspricht jeder einzelne Hektar einem Jahrgang. Wenn er nun jedes Jahr den ältesten Hektar Fichten kahl schlägt und diese Fläche wieder aufforstet, dann ist dies in Bezug nur auf die Holzmenge exakt nachhaltig. Die übrigen 99 Hektar wachsen weiter vor sich hin, im kommenden Jahr ist das nächste Feld dran. So eine Wirtschaftsweise lässt sich einfach kontrollieren, und der Fachbegriff dafür lautet »Altersklassenwald«, weil jeder Jahrgang an Bäumen fein säuberlich getrennt von den anderen aufwächst.

Abgesehen von der Kontrolle hat das Modell aber nur Nachteile. Mit einem funktionierenden Waldökosystem hat so eine Plantage nichts mehr zu tun, eher schon mit einem überdimensionalen Maisfeld. Ein bis drei Baumarten, alle gleich dick (oder besser dünn), gleich hoch, gleich jung – da gibt es für die meisten heimischen Tierarten, die auf alte Bäume und viel Totholz angewiesen sind, wenig zu holen. Dazu passt die industrielle Ernte der Stämme mit Großmaschinen, und auch in Bezug auf Spritzmittel trifft der Vergleich mit der Landwirtschaft zu. Die riesigen Monokulturen sind anfällig

gegen Fraß der Raupen einiger weniger Schmetterlingsarten, weshalb in jedem Sommer Hunderte von Quadratkilometern mit Insektiziden besprüht werden – Tendenz steigend.

Nach einem Kahlschlag liegt der Waldboden in der prallen Sonne und erwärmt sich stark. Dadurch werden Pilze und Bakterien besonders aktiv und bauen innerhalb weniger Jahre den größten Teil des Humus ab. Wie ein Strohfeuer verpuffen die Nährstoffe, die kurzfristig zu einem starken Wachstum von Stickstoffzeigern wie Brombeeren oder Brennnesseln führen. Das führt zu einem geringeren Holzzuwachs des künftigen Walds, der zudem noch unter Wassermangel leiden wird: Humus ist ein enorm wichtiger Speicher für Feuchtigkeit. Selbst wenn die Fläche eines Tages wieder von Bäumen bedeckt

Nach dem Kahlschlag begünstigt das Strohfeuer der Nährstoffe das Wachstum der Brombeeren.

ist, dauert es bis zu 500 Jahre, bis der Humusvorrat wieder annähernd aufgefüllt ist. Doch bis dahin wurde die Fläche ja fünfmal kahl geschlagen …

Leider wird diese Praxis bis heute ausgeübt. Zwar ist die Kahlschlagsgröße in vielen Bundesländern beschränkt, doch statt diese harten Eingriffe ganz zu verbieten, setzt man auf die Einsichtsfähigkeit der Besitzer. Und selbst wenn diese rücksichtsvoll sind, holen die Sünden der Vergangenheit sie oft ein. Gerade Nadelholzplantagen sind extrem anfällig für Stürme, sodass rund 50 Prozent dieser Hölzer durch »Naturkatastrophen« anfallen. Und ob ein Sturm oder der Besitzer eine Kahlfläche verursacht, ist in den Auswirkungen für die Natur völlig egal. Helfen würde eine Rückkehr zu heimischen Waldgesellschaften, die überwiegend aus stabilen Laubbäumen wie Buche oder Eiche bestehen. Das Ganze dann als Plenterwald bewirtschaftet, wo urwaldähnlich alle Altersgruppen an Bäumen innig gemischt und kahlschlagsfrei wachsen, und Mensch und Natur könnten wirklich zufrieden sein.

Dauerwald: urwaldfern, aber kahlschlagsfrei

Neulich habe ich in einem Naturschutzgebiet am Oberlauf der Ahr
etwas beobachtet, was es überall im
deutschsprachigen Raum zu sehen
gibt. Dort wurde zunächst der alte
Buchenwald stark aufgelichtet. So
etwas nennt man Schirmhieb, weil
zwar rund die Hälfte aller Stämme
gefällt wird, die andere Hälfte aber
noch einige Jahre als Schattenspen-
der stehen bleibt. Unter den großen

Buchen kommen Sämlinge auf, die
durch den starken Lichteinfall rasch
emporwachsen. Sind sie deutlich
über kniehoch, dann ist die letzte
Stunde der Altbäume gekommen. Sie
werden in ein bis zwei Durchgän-
gen fast völlig entfernt. Als winziges
Zugeständnis an den Naturschutz
bleiben ein paar »Ewigkeitsbäume«
stehen, die sich allerdings wegen
des rapide ändernden Kleinklimas

Der Schirmhieb ist ein Kahlschlag auf Raten.

innerhalb weniger Jahrzehnte verabschieden. Ökologisch unterscheidet sich solch ein Kahlschlag von der ersten beschrieben Variante durch nichts. Alle Tierarten, die auf alte Bäume angewiesen sind, verschwinden. Das Kleinklima ändert sich, der Humus wird abgebaut, die Langzeitfolgen sind dramatisch. Und doch gibt es einen entscheidenden Unterschied: Die kniehohen Buchensämlinge gelten als Wald im Sinne des Gesetzes. Förster und Waldbesitzer, die so arbeiten, dürfen also ohne rot zu werden behaupten, sie arbeiteten kahlschlagsfrei.

In der prallen Sonne sterben die letzten Altbuchen langsam, aber sicher ab.

Das Wort »Kahlschlag« mag heute kaum noch jemand in den Mund nehmen. Zu viele Menschen sind gut informiert und wissen, dass so etwas nicht ökologisch ist. Und da manch ein Forstbetrieb trotz starker Holznutzungen weiterhin als Vorreiter in Sachen Naturschutz gelten will, wurde ein wenig Wortkosmetik betrieben. »Dauerwald« nennt sich die Wirtschaftsform, die ganz ohne Kahlschläge auskommen möchte. In den Anfängen zu Beginn des letzten Jahrhunderts war das durchaus ehrlich gemeint. Die Vorreiter der ökologischen Waldwirtschaft, später zur »Arbeitsgemeinschaft naturgemäße Waldwirtschaft« zusammengeschlossen, meinten damit einen Wald, in dem schonend immer nur einzelne Stämme geerntet werden durften. Der Boden sollte gesunden, das artenreiche Tierleben zu seiner Entfaltung gelangen.

Doch heute wird der Begriff zunehmend für verdeckte Kahlschläge missbraucht. Und diese funktionieren über »Z-Bäume« (Zukunfts-Bäume). Das sind besonders gerade Exemplare mit makellosen Stämmen, die von den Förstern dauerhaft mit Farbe markiert werden (siehe Foto auf Seite 21). Diese Elite wird von nun an bei jeder Durchforstung kräftig gefördert, indem jeweils

Dauerwald heißt: Wirtschaften ohne Kahlschlag. Anfangs war das auch wirklich so.

ein bis zwei Nachbarn entfernt werden. So können die Z-Bäume eine große Krone ausbilden und besonders viel Holz bilden. Bei 50 bis 100 Stück pro Hektar, die so gefördert werden, kommt irgendwann der Tag X: Dann sind alle Nachbarn gefällt, und die Auserwählten sind unter sich. Alle etwa gleich dick, gleich schön, gleich alt und gleich groß – das ist ein uniformer Wald, der sich gut zu Geld machen lässt. Und weil alle Bäume gleichzeitig ihr optimales Erntealter erreichen, werden innerhalb weniger Jahre auch alle gefällt.

Hat sich durch die permanente Auflichtung schon ein wenig Nachwuchs angesiedelt, dann zählt dies wie zuvor beschrieben als Schirmhieb und damit offiziell als ökologisch nachhaltig. Wehe jedoch, Stürme oder Borkenkäfer vergreifen sich an den Auslesebäumen und bringen ihnen den Tod! Da die weniger attraktiven Stämme meist schon entfernt wurden, kann nun nicht auf Ersatzkandidaten umgesattelt werden, wodurch lokal kleine Löcher im Wald entstehen, die sich so schnell nicht wieder schließen.

Naturnahe Forstwirtschaft in einem Naturschutzgebiet in der Eifel.

Am Rande sei vermerkt, dass Betriebe, die den Dauerwaldbegriff so verwenden, noch ein anderes Wort verfälscht haben. Echte Öko-betriebe (und davon gibt es einige!) wirtschaften naturgemäß. Sie möch-ten sich in allen Eingriffen an natür-lichen Prozessen orientieren und diese in ihrer Entfaltung so wenig wie möglich stören. Konventionelle Betriebe haben das aufgegriffen – allerdings nur verbal. »Naturgemäß« änderten sie ab in »naturnah«, und schon konnten sie sich dieses bedeu-tungslose Etikett anheften. Tatsäch-lich behaupten die meisten Kahl-schlagsförster, ihre Betriebsweise sei naturnahe Waldwirtschaft. Das beruhigt zumindest das Gewissen der Bürgerinnen und Bürger, die ihren Waldhütern völlig vertrauen.

Hinter den Kulissen wird jedoch bereits auf großer Fläche die Renais-sance der Nadelholzplantagen ein-geleitet. Während unter dem Ein-druck der 1990er-Windwürfe ein großer Umschwung zu mehr Natur-nähe einsetzte, ist momentan der gegenläufige Trend zu beobachten. Schon macht das hässliche Wort der »Verbuchung« in der Branche die Runde; Laubbäume werden damit zu Unkraut abgestempelt. Und mit der Verhärtung der Sichtweise gelten nun auch kleinere Kahlschläge wieder als

Ein Zukunfts-Baum – er wird im Dauerwald regelmäßig von seinen Nachbarn »befreit«.

salonfähig, wenn sie zur Umwand-lung naturferner Plantagen in Dauer-wald dienen.

Doch Moment: Führt ein Kahl-schlag mit anschließender Bepflan-zung nicht wieder zu einem mono-tonen gleichaltrigen Baumbestand? Ich habe den Eindruck, dass es momentan überwiegend darum geht, den immer rascher wachsen-den Holzhunger der Industrie zu befriedigen. Um die Bevölkerung zu beruhigen, werden für diese natur-fernen Wirtschaftsweisen sämtli-che Vokabeln aus dem Bereich der Ökologie so verbogen, dass sich zumindest in den PR-Broschüren der Forstverwaltungen ein harmoni-sches und nachhaltiges Bild unserer Wälder ergibt.

Künstlich, aber nahe an der Natur: der Laubplenterwald.

Plenterwald: die urwaldähnlichste Wirtschaftsform

Wenn Sie durch einen Wald spazieren, in dem kleine und große, dicke und dünne Bäume aller Altersgruppen und Durchmesser innig gemischt auftreten, dann sehen Sie einen Plenterwald. Er ist die urwaldnächste Wirtschaftsform. Bäume jeglicher Größe stehen bunt gemischt zusammen und bilden eine pflanzliche Sozialgemeinschaft. In der Regel stehen hier heimische Baumarten wie Buchen, Weißtannen und Eichen, allenfalls gelegentlich durch einzelne Douglasien, Fichten oder Kiefern ergänzt. Einen herkömmlichen Forst in einen Plenterwald zu überführen, dauert etwa 100 Jahre. Anschließend verändert sich das Waldgefüge über viele Jahrhunderte nicht mehr – ganz so wie in einem Urwald. Und doch ist der Plenterwald eine Kunstform. Im Gegensatz zum Urwald fehlt ihm Totholz, selbst wenn der eine oder andere Baum

Kleine und große Nadelbäume bunt gemischt – so kann im Alpenraum ein Plenterwald aussehen.

hier sein Leben zu Ende leben darf und dann verrottet. Das meiste Holz soll schließlich geerntet und teuer verkauft werden. Aus diesem Grund fehlen auch ganz alte Exemplare, die ja meist im Inneren schon Pilzbefall aufweisen und dann wirtschaftlich wertlos werden.

Die gesamte Biomasse beträgt in einem Plenterwald höchstens die Hälfte des wilden Vorbilds, sodass es in ihm viel heller ist (weniger Bäume = mehr Licht am Boden). Für manche Urwaldarten unter Käfern und Spinnen ist er dadurch kein geeigneter Lebensraum mehr. Dennoch – ökologischer kann man nicht wirtschaften, und daher sind Plenterwälder, durchsetzt mit Schutzgebieten, die sinnvollste und schonendste Form der Forstwirtschaft. Leider sind sie hierzulande nur auf wenigen Prozent der Waldfläche zu finden.

Spuren auf dem Boden lesen

Waldboden ist etwas Kostbares. Er entstand während der Eiszeiten und wurde durch das Schmirgeln der Gletscher, durch Frosteinwirkung und das Verblasen von Staub durch Stürme zu einem lockeren, schwammartigen Gebilde. Durch unzählige Poren dringt Luft metertief hinab und ermöglicht eine noch nicht ansatzweise erforschte Artenvielfalt von Tieren, Bakterien und Pilzen. Zugleich versickert in den zarten Kanälchen jeder noch so heftige Regenguss und wird wie in einem Tank gespeichert. Anschließend können sich die Bäume mit ihren Wurzeln daran bedienen und manch trockene Sommerperiode überstehen, ohne zu verdursten. Solche Böden können Sie sogar erspüren, denn auf ihnen läuft es sich weich und federnd.

In den meisten Fällen sind die Waldböden jedoch nicht mehr im Originalzustand. Gleich mit der Rückkehr der Wälder nach der letzten Eiszeit vor rund 10 000 Jahren machten sich unsere Vorfahren daran, die Bäume wieder abzuholzen. Der Lebensstandard war gering, die Bevölkerungszahl im deutschsprachigen Raum erreichte kaum 50 000 Einwohner (ein Mensch pro zehn Quadratkilometer), sodass die Auswirkungen kaum spürbar waren. Doch bereits vor der Zeitenwende um Christi Geburt rodeten Kelten und später Römer ganze Höhenzüge. Mit den Wirren der Völker-

Lockerer Humus wirkt im Waldboden wie ein Schwamm und ermöglicht vielfältiges Bodenleben.

wanderung konnte sich der Wald wieder erholen und verlorenes Terrain zurückerobern, doch dann ging es steil bergab. Um 1800 waren fast sämtliche Ebenen und die meisten Mittelgebirge kahl, lediglich in Hochlagen und in abgelegenen Winkeln, die sich nicht für die Landwirtschaft eigneten, überlebten klägliche Restwälder. Danach setzte die geregelte Forstwirtschaft ein, und so konnten die Bäume zurückkehren – ein Trend, der bis heute anhält.

Die wechselvolle Geschichte führte dazu, dass die meisten Böden auch heute noch Spuren menschlicher Aktivitäten aufweisen und in ihrer Funktion massiv gestört

sind. Der Grund ist die erwähnte schwammartige Struktur. Dieser »Bodenschwamm« ist viel empfindlicher als ein Haushaltsschwamm. Denn während Letzterer sich nach dem Zusammendrücken rasch wieder aufrichtet, kann das ein Waldboden nicht. Nie mehr. Erst wenn die nächste Eiszeit über ihn hinweggeht, wird das Gefüge wieder locker und leistungsfähig werden. Durch seine Empfindlichkeit ist der Boden wie ein großes Archiv. Er speichert all unsere Aktivitäten für sehr lange Zeit in sich, verändert sich mit jedem Eingriff dauerhaft und es lässt sich noch nach Generationen wie ein offenes Buch in ihm lesen.

Noch Jahrzehnte später sind die verrottenden Reisigwälle als Folgen der Kahlschläge zu erkennen.

Folgen der intensiven Bodenbearbeitung

In vielen jüngeren Wäldern können Sie flache, humusreiche Wälle sehen. Sie ziehen sich schnurgerade über die Flächen und sind baumfrei. Ursache ist eine dramatische Änderung der Forstwirtschaft nach dem Zweiten Weltkrieg. Zunehmend wurden Maschinen nicht nur auf landwirtschaftlichen Flächen, sondern auch zur gezielten Veränderung von Waldböden eingesetzt. Was konnte man nicht alles mit den neuen Traktoren, Baggern und Raupen bewegen? Sie passten hervorragend zur damals aktuellen Kahlschlagswirtschaft und halfen, sie zur Perfektion zu treiben.

Waren alle Bäume beseitigt worden, dann herrschte zunächst ein Chaos. Überall lagen Baumkronen herum, die eine planmäßige Bepflanzung der Fläche erschwerten. Kein Problem – eine schwere Planierraupe wurde herbeigeschafft und deren Schild durch eine riesige Gabel ersetzt. Mit dieser räumte das Gerät die Fläche blitzblank sauber, indem es den sogenannten Schlagabraum, also Äste, Stammteile und Wurzelstöcke, auf lange Reihen zusammenschob. Dazwischen war nun alles glatt wie ein Salatbeet und bereit für neue Setzlinge aus der Baumschule. Ich selbst durfte das Verfahren noch während der Ausbildung erleben, und obwohl schon damals die daraus resultierenden Bodenschäden bekannt waren, haben sich meine Lehrförster keine Gedanken darüber gemacht. Im Gegensatz zum Harvestereinsatz (mehr dazu ab Seite 34), bei dem »nur« 50 Prozent des Bodens verändert werden, waren es bei solchen Einsätzen 100 Prozent. Bis heute sind diese ehemaligen Wälle mit Schlagabraum zu erkennen, selbst wenn dieser schon zu Humus geworden ist (siehe Foto auf Seite 26).

Doch das war noch nicht alles. Um überall Fichten pflanzen zu können, musste so mancher Boden entwässert werden. Auf solchen Feuchtstandorten wären zwar Erlen, Eschen oder Ahorn die bessere Wahl gewesen, doch statt die Baumwahl dem Boden anzupassen, machte man es häufig umgekehrt.

Fichten vertragen keine Staunässe im Erdreich, und daher forderten die Förster große Bagger an. Sie zogen kreuz und quer Entwässerungsgräben, um alles trockenzulegen. Der Erfolg war mäßig: Schon ein bis zwei Meter neben dem Graben wurde der Boden wieder nass, die Fichte bekam auf diesen Parzellen in späteren Jahren erhebliche Probleme

Für die wasserscheue Fichte wurden hier eigens
Entwässerungsgräben gebaggert.

Ein letzter, immer noch weit ver-
breiteter Eingriff ist das Grubbern.
Dabei wird mit einem Traktor ein
zinkenbewehrtes Gerät über den
Boden geschleift, um ihn aufzurei-
ßen. Anders könnten Buchen- oder
Tannensamen nicht keimen, so die
Meinung vieler Förster. Die dicke
Laubschicht aus dem letzten Herbst
hindere die zarten Wurzeln daran,
den Boden zu erreichen. Und wie,
bitteschön, hat das der Wald seit
Jahrmillionen ohne Menschen hin-
bekommen?

Natürlich geht es auch ohne die
Hilfe des Menschen, aber vielleicht
nicht ganz so gleichmäßig über
jeden Quadratmeter verteilt. Wo
der Urwald kleine Gruppen, quasi
Baumkindergärten, vorsieht, da soll
ein Rasen aus Keimlingen ohne
jede Lücke entstehen. Der Nebeneffekt des Grubberns ist jedoch
eine Beschädigung des Oberbodens.
Schädlich ist nicht nur das Gewicht
der schweren Maschinen, sondern
auch das Aufreißen der empfindlichen Humusschicht mit ihren
lichtscheuen Bewohnern, die nun
unsanft das Licht der Sonne erbli-
cken. Nebenbei baut sich die organische Substanz des Bodens rascher
ab – mit all den negativen Folgen für
den Nährstoff- und Wasserhaushalt
des Waldes.

durch nasse »Füße«. Der hässliche
Nebeneffekt war, dass der Boden nun
nach Holzernte und Schlagräumung
zum dritten Mal komplett befahren
wurde. Schade – so blieb garantiert
kein Fleckchen unzerstört. Scheinbar
haben manche Kollegen immer noch
nichts hinzugelernt, denn in letzter
Zeit lebt diese Art der Bodenbehand-
lung wieder auf.

Fahrspuren schwerer Forstmaschinen

Schlammige, teilweise über 50 Zentimeter tiefe Fahrspuren schwerer Forstmaschinen regen viele Waldbesucher auf – mich auch. Waldwirtschaft ist nun einmal kein Naturschutz, und irgendwie muss das Holz an die Wege transportiert werden. Doch warum wird dann nicht wenigstens auf besseres Wetter gewartet, etwa Trockenheit oder starken Frost? Es sind die Sägewerke und Holzkäufer, die eine Lieferung rund ums Jahr verlangen. Die Lager-kapazitäten in den Werken, die nur unnötig Zinsen kosten, wurden auf wenige Wochen Vorlauf heruntergeschraubt und es wurde auf Just-in time-Produktion umgestellt. So gesehen befindet sich das Sägewerkslager heutzutage im Wald, und dort wird bei jeder Wetterlage abtransportiert, weil sonst die Bänder stillstehen. Und Forstbetrieben, die da nicht mitspielen möchten, wird damit gedroht, dass sie auf ihrer Ware sitzen bleiben werden. Davon abgesehen, gibt es

Solche tiefen Fahrspuren gehören leider häufig zur modernen Forstwirtschaft.

Während hier ein Grundbruch eintritt, …

durch den Klimawandel immer seltener gefrorene Wege, und die Verlagerung des Holzeinschlags in die Sommermonate ist aus Vogelschutzgründen problematisch – schließlich sind in etlichen Baumkronen belegte Nester.

Die Forstindustrie hat auf die Proteste gegen die tiefen Fahrspuren reagiert: Die Reifen der Maschinen werden immer breiter, sodass der Druck pro Quadratzentimeter sinkt. Dadurch verursachen sie weniger Spuren, zudem bleiben die Schneisen länger und besser befahrbar. Dem Waldboden nützt das leider kaum etwas, ganz im Gegenteil: Je breiter die Reifen, desto größer ist die Tie-

… ist hier später kaum etwas zu sehen. Die Verdichtungsschäden in der Tiefe sind dennoch ähnlich.

fenwirkung im Boden – bis zu zwei Meter. Das gesamte schwammartige Gefüge, von Milliarden Kleinstlebewesen bevölkert, wird innerhalb von Sekunden zerquetscht und wie mit einer Rüttelplatte verdichtet. Die Poren verschwinden, das Bodenleben erstickt. Zudem verliert das Erdreich seine Wasserspeicherfähigkeit, die sich in den Fahrspuren um bis zu 95 Prozent reduziert. Starke Regenfälle versickern nicht mehr, sondern laufen oberirdisch in die Bäche ab und sorgen in den Tälern für häufigere Hochwasser. Das wertvolle Nass fehlt den Bäumen in Trockenperioden, in denen sie sich normalerweise an den Wasserreserven im Untergrund bedienen. Tief kommen sie mit ihren Wurzeln ohnehin nicht mehr, weil diese ebenfalls in der sauerstoffarmen Verdichtungszone absterben.

Die Schwere der Schäden lässt sich anhand des Spurenbilds abschätzen. Können Sie nur schwache Reifenspuren erkennen, dann war der Boden zum Zeitpunkt des Befahrens wenigstens unter rein mechanischen Gesichtspunkten tragfähig. Das ist bei trockenem oder sehr frostigem Wetter der Fall. Haben sich die Reifen dagegen stärker eingedrückt, sodass durchgehende »Gleise« erkennbar sind, dann spricht man von einer plastischen Verformung.

Ganz ungünstig ist der sogenannte Grundbruch, der bei Maschineneinsätzen nach längeren Regenperioden auftritt (siehe Abbildung auf Seite 30, oben). Hier wird die natürliche Bodenschichtung durchbrochen, und es kommt zu seitlichen Aufwölbungen neben der Spur. Auch wenn die letztere Variante die brutalste ist, so sind doch vor allem die nicht sichtbaren Schäden in der Tiefe entscheidend. Und die entstehen selbst bei schwach ausgeprägter Spurbildung, wenn auch nicht ganz so stark.

Bei lehmhaltigen Böden (z. B. Braunerden) können Sie das mit einem Spaten selbst überprüfen: Während bei intakten Böden auch in 20 Zentimeter Tiefe ein hellbraunes, krümeliges Gefüge zu sehen ist, beginnt hier bei geschädigtem Erdreich eine Todeszone. Sie zeigt sich durch eine graue Farbe, durchsetzt mit Rostflecken. Hier herrscht Sauerstoff- und Wassermangel, bei dem alles Leben erstickt und verdurstet.

Diese Verdichtungen werden durch eine Armada modernster Maschinen verursacht, von denen ich Ihnen auf den folgenden Seiten ein paar vorstellen möchte. Zunächst schauen wir uns jedoch die Rückegassen (siehe Foto auf Seite 32) an, weil sie mittlerweile die entscheidende Infrastruktur im Wald sind.

Unter der Rückegasse ist der Boden irreparabel verdichtet.

Verdichtungen in Rückegassen

Von den meisten Waldwegen in ebener Lage zweigen in regelmäßigen Abständen Schneisen mit Fahrspuren ab. Dies sind keine Wege, sondern sogenannte Rückegassen. Als »Rücken« wird der Holztransport aus dem Baumbestand an den nächsten befestigten Weg bezeichnet, doch das ist nur ein Teilaspekt solcher Linien. Auf ihnen fahren zunehmend Erntemaschinen (Harvester), die verschiedene Arbeiten der Waldarbeiter übernehmen. Sie besitzen ebenso wie die anschließend anrollenden Rückefahrzeuge (Forwarder) Kranarme, die etwa neun Meter Reichweite haben. Damit sie nun jeden Baum erreichen können, dürfen die Gassen maximal 20 Meter auseinanderliegen. Bei einer Breite von mindestens vier Metern bleibt dann dazwischen ein Streifen von 16 Metern mit Bäumen, die der Greifer alle erfassen kann. Dies bedeutet, dass 20 Prozent des Bodens direkt befahren und zerstört werden. Doch da die Verdichtungen durch Seitendruck im Untergrund noch eineinhalb bis zwei Meter nach links und rechts hinausragen, kommen wir schon auf bis zu 40 Prozent Schäden.

Vielleicht haben Sie Lust, beim nächsten Waldspaziergang einmal einen Test zu machen: Messen Sie mit Ihren Schritten die Entfernung von Gasse zu Gasse ab. Ich kann mich selten zurückhalten und kontrolliere das aus Neugier häufig: Meist sind es weniger als 20 Meter, oft sogar kaum zehn Meter. Im Durchschnitt dürften es 50 Prozent geschädigter Waldboden sein, den eine einzige Durchforstung mit Maschinen zurücklässt. Nachhaltigkeit sieht anders aus, doch gegenüber dem Einsatz von Waldarbeitern lassen sich so bis zu zehn Euro pro Kubikmeter Holz einsparen. Die Kollateralschäden durch ein anschließend schlechteres Baumwachstum (unter anderem wegen des Wassermangels) liegen locker beim Doppelten, doch das fließt in keine Bilanz mit ein.

Wie könnte ein Kompromiss aussehen? In meinem Revier hat die Gemeinde Hümmel den Gassenabstand auf mindestens 40 Meter erhöht; im Durchschnitt liegt er bei über 50 Meter. Und weil hier nun der Greifarm nicht mehr an alles Holz heranreicht, muss ein Pferd die weiter entfernten Stämme vorliefern. Doch selbst dieses Verfahren bedeutet einen gewissen Anteil geschädigter Böden. Wäre es nicht besser, gar keine Gassen mehr zu haben? Das ist auch eine betriebswirtschaftliche Frage, denn je größer die Entfernung bis zum nächsten Weg, desto teurer sind die Rückekosten. Ohne Gassen müsste alles mittels Seilwinde oder per Pferd über weite Strecken gezogen werden, was die Leistung pro Stunde deutlich herabsetzte. Aktuell ist es bei ökologisch geführten Forstbetrieben Konsens, dass ein 40-Meter-Abstand nicht unterschritten werden sollte.

Noch viel wichtiger ist es, dauerhaft dieselben Gassen zu benutzen. Wird alle paar Jahre (oder Jahrzehnte) eine andere Trasse gewählt, dann ist der Wald irgendwann komplett befahren. Genauso muss darauf geachtet werden, dass die Maschinen bei der Arbeit die Spur nicht verlassen. Wie oft geschieht es, dass die Fahrer an einen Stamm nicht heranreichen und dann einfach fünf oder zehn Meter zwischen die Bäume fahren, um das Holz doch noch ernten zu können. Solch eine Praxis verursacht zusätzliche Verdichtungen und weitere Schäden (mehr dazu auf Seite 81). Abhilfe schafft eine Konventionalstrafe, die pro angefangene 10-Meter-Abweichung von der Gasse 100 Euro kostet. Diese Karte habe ich in meinem Revier bisher zweimal ziehen müssen, und die betreffenden Traktorfahrer konnten anschließend ihren Hut nehmen.

Erosion des Waldbodens durch Harvester und Forwarder

Ein Harvester ist eine Vollerntemaschine, die Bäume fällen und aufarbeiten kann. Ihr Greifarm ist dazu mit einer Motorsäge ausgestattet sowie mit Zangen, die den Baum packen und nach dem Absägen durch Messer ziehen. Dadurch werden die Äste abgetrennt, der Stamm kann dann in die gewünschten Längen zerteilt und an der Rückegasse abgelegt werden. Der betriebswirtschaftliche Vorteil liegt in der Geschwindigkeit. Wo vormals zwölf Waldarbeiter Hand anlegen mussten, reicht nun ein einzelner Harvester mit Fahrer. Da die Maschine mit starken Scheinwerfern bestückt ist, kann sie im Mehrschichtbetrieb auch nachts betrieben werden.

Um den Stamm durch das Aggregat zu schieben, sind an diesem Stachelwalzen montiert. Sie werden ans Holz gedrückt und drehen sich dann, sodass der Baum vorwärts rückt. Die Abdrücke dieser Walzen können Sie in dem aufgearbeiteten Holz

34

Schneller und billiger auf Kosten der Umwelt: der Harvester.

In den Spuren des Harvesters rauschen bei Regen die Niederschläge ins Tal und nehmen den Waldboden dabei mit.

am Wegesrand sehen – die Stämme sehen aus wie mit Schmucknarben verziert.

Mittlerweile gibt es sogar Hangharvester, die sich einfach abseilen. Dazu wird ein starker Baum oberhalb des Wegs gesucht, an dem das Drahtseil befestigt wird. Hat der Baum Glück, dann werden Gurte zur Druckminderung verwendet, obwohl auch so die Rinde erheblich beschädigt wird. So gesichert, kann sich die Maschine mittels der eingebauten Winde selbst in Richtung Tal ablassen und später auch wieder heraufziehen. Ich bedaure diese Entwicklung sehr, denn gerade im Hang verursachen die Fahrspuren eine starke Bodenerosion. Das Regenwasser läuft in den Rillen ungebremst bergab und reißt dabei jede Menge Erde unwiederbringlich mit.

Forwarder und Harvester bilden in der Regel ein Gespann. Hat die Erntemaschine alle Bäume gefällt und in handliche Teilstücke zersägt, dann rollt der Forwarder über dieselben Rückegassen und sammelt das Holz ein. Dadurch steigt das Fahrzeuggewicht auf bis zu 30 Tonnen an. Die Fahrspuren werden nochmals deutlich vertieft und vor allem überdeckt. Der Abdruck des Reifenprofils stammt daher bei abgeschlossener Holzernte immer vom Forwarder. Ist es besonders nass und schlammig, dann werden häufig Ketten oder Bänder auf die Räder gezogen, um die Haftung zu erhöhen und den Bodendruck etwas zu reduzieren. Die Spuren wirken dann wie ein durchgehacktes Beet, erscheinen aber zumindest optisch ein wenig harmloser, da sie nicht so tief gehen.

Mit aufgezogenen Bändern auf den Rädern kann der Forwarder auch diesen Hang befahren.

Unterwegs mit 1 PS

Wenn ich durch den Wald streife und von Ferne ein kleines Glöckchen bimmeln höre, dann freue ich mich. Meist ist dazu noch ein unverständliches Gebrabbel zu hören, wie etwa »Jöö – hüü – hee«. Kurz darauf knackt und kracht es ein wenig, und ein Rückepferd mit Besitzer bricht aus dem Unterholz, im Schlepptau einen Baumstamm. Solche Gespanne arbeiten schon seit Jahrtausenden in den Wäldern, und man kommt sich wie in einem Freilichtmuseum vor, wo für Besucher alte Arbeitsverfahren demonstriert werden. Doch auch oder gerade heute hat das Rückepferd seine Berechtigung im Wald, denn es arbeitet sehr schonend. Die zu ziehenden Stämme werden meist in Teile geschnitten, um das Gewicht zu verringern. Zudem lässt sich mit fünf Meter langem Kurzholz besser rangieren als mit 20 Meter Langholz. Steht eine Gruppe junger Bäume im Weg, so geht das Pferd einfach darum herum, anstatt wie eine Maschine hindurchzuwalzen. Ähnlich geht es im Slalom um große Bäume, sodass

Wie seit Jahrtausenden können Pferde auch heute noch sinnvoll in der Forstwirtschaft arbeiten.

ein Anstoßen der Stämme und Rindenverletzungen vermieden werden. Es ist immer wieder eine Freude zu sehen, dass nach Pferdeeinsätzen praktisch keine Schäden im Wald zu finden sind.

Bis zum nächsten Waldweg ist es aber in der Regel doch zu weit – würde man die gesamte Strecke durch die Tiere erledigen lassen, dann bestünde ein Tagwerk nur aus wenigen Stämmen. Daher macht man Kompromisse und setzt auf eine Kombination von Pferd und Forwarder. Im Gegensatz zu einem reinen Maschineneinsatz wird der Abstand der Rückegassen von 20 Meter auf 40 bis 60 Meter erhöht, der Anteil befahrener Böden so von 50 Prozent auf unter 20 Prozent gedrückt. Und weil der Forwarder nur zehn Meter von der Gasse aus in den Bestand greifen kann, liefert ihm das Pferd die Hölzer, an die er nicht heranreicht.

Von Pferden vorgeliefertes Holz erkennen Sie an der Rückegasse daran, dass es hier zwar ordentlich liegt, aber noch frische Maschinenspuren fehlen. Ist es dann später mit dem Forwarder an den Waldweg transportiert worden, lässt es sich nicht mehr nachvollziehen, ob Tiere an der Arbeit beteiligt waren. Es sei denn, Sie pirschen noch ein-

Vom Pferd vorgeliefertes Holz wartet an der Gasse auf den Forwarder.

mal zwischen die Bäume zurück und schauen, ob es Abdrücke besonders großer Pferdehufe gibt. Die schweren Kaltblüter, die teilweise doppelt so viel wiegen wie ein Reitpferd, haben wirklich enorm große Füße. Sie sind ebenso wie die unteren Beinbereiche von dicken, langen Haaren bedeckt, die verhindern, dass sich die Tiere beim Gang durch Brombeeren und Reisig verletzen.

Gibt es irgendetwas, das gegen den Einsatz von Pferden spricht? Für die Anhänger schwerster Maschinen auf jeden Fall. Da wäre zunächst das Argument der Verfügbarkeit. Gibt es überhaupt genügend Pferderücker? Dieser Berufsstand scheint vom Aussterben bedroht, denn wer möchte schon an 365 Tagen im Jahr für die

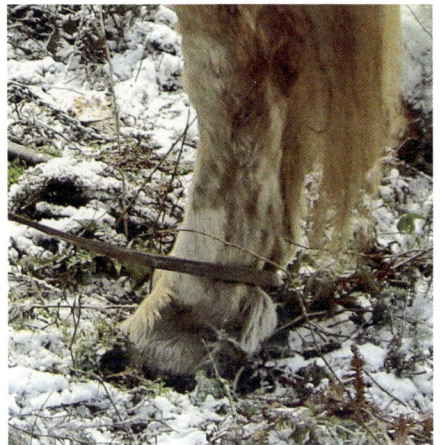 

Der Hufabdruck, den der große Fuß des Kaltblüters hinterlässt, geht nicht tief in den Boden und ist nach wenigen Jahren wieder zu lockerer Erde geworden.

Tiere da sein, sie füttern, misten und mit ihnen bei Wind und Wetter arbeiten? Die Bezahlung ist lediglich akzeptabel, reich wird davon niemand. Das Pferd muss mühsam ausgebildet werden, bis es nach einigen Jahren endlich voll mitarbeitet. Und damit landen Pferderücker nach Ansicht vieler Förster in der Nostalgieecke, aus der man sie lediglich zur Publikumsbelustigung bei Waldtagen wieder hervorholt.

Tatsächlich ist es so, dass viele Halter schwerer Arbeitspferde nur zu gern mit ihren Tieren im Wald arbeiten würden. Doch da sie kaum Aufträge bekommen, bieten etliche im Sommer Kutschfahrten an. Und da auch dies nicht ausreicht, muss ein normaler Job das Geld bringen, wodurch das Holzrücken zum Wochenendhobby wird.

Die Interessengemeinschaft Zugpferde (IGZ) vermittelt auf Anfrage gerne Adressen, sodass die Ausrede mancher Waldbewirtschafter, es gäbe keine ortsnahen Rückepferde, nicht gelten kann.

Das zweite Argument betrifft die Kosten. Und ja, es stimmt: Pferde sind tatsächlich teurer als Harvester, zumal das Holz vor dem Rücken von Waldarbeitern, also von Hand, aufgearbeitet werden muss (ein Harvester legt das Holz gleich an der Gasse ab, da gibt es nichts mehr vorzuliefern). Das macht pro Kubikmeter Holz bis zu fünf Euro an zusätzlichen Kosten. Teurer sind Pferde deswegen aber noch lange nicht, denn die

Bodenschäden kann man gegenrechnen. Der gestörte Wasserhaushalt des Bodens kostet allein über den verminderten Holzzuwachs der Bäume langfristig mindestens 20 Euro pro Kubikmeter, die den Kosten des Harvesters zugeschlagen werden müssen. Unter dem Strich und auf die Dauer schneidet das Gespann Waldarbeiter/Pferd dadurch wesentlich besser ab. Hinzu kommen die vermiedenen Schäden an den Bäumen und ihrem Nachwuchs, die sicher noch einmal die gleiche Ersparnis bringen. Nicht zuletzt ist es so, dass nur durch Handarbeit ein echter Plenterwald mit seinem Strukturreichtum zu erzielen ist. Warum Maschinen das nicht können, verrate ich Ihnen ab Seite 69.

Das letzte Argument der forstlichen Hardliner bezieht sich auf die Leistung. Pferde könnten niemals all das Holz bewegen, was jährlich auf den Markt kommt. Dafür wäre ihre Arbeitsleistung viel zu gering. Um das gesamte Holz geht es ja auch gar nicht, aber doch um deutlich mehr, als heute mit den Vierbeinern aus dem Wald gezogen wird. Natürlich sind Pferden mengenmäßig Grenzen gesetzt, aber wo ein oder zwei nicht reichen, setzt man eben einfach mehr ein. Und damit landen wir wieder beim ersten Argument: Wenn die Nachfrage wächst, dann steigt auch das Angebot der vielen Pferdehalter, die nur auf ihre Chance warten.

Und die Pferde warten ebenso. Man sieht ihnen bei der Arbeit an, wie gerne sie das Holz rücken. Meist sind es zwei, von denen jeweils eins Pause hat. Und dieses pausierende Pferd ist oft regelrecht beleidigt, scharrt mit den Hufen, um endlich wieder zu den Stämmen gehen zu dürfen. Zwingen könnte man es kaum, denn es wird lediglich mit einer losen Verbindungsleine durch leichtes Zupfen, mehr noch durch Worte, gelenkt.

Spuren der Vergangenheit

Während das Pferderücken ein zwar altes, aber auch heute noch sinnvolles Verfahren ist, sind andere Methoden zu Recht in Vergessenheit geraten. Von ihnen gibt es allerdings auch heute noch zahlreiche Spuren.

Überall dort, wo einst alte Laubwälder standen oder sogar heute noch stehen, können Sie merkwürdige kreisförmige Plätze finden. Sie sind topfeben und haben einen Durchmesser zwischen fünf und zehn Metern. Wenn Sie die Erde ein wenig mit den Füßen beiseite scharren, dann taucht schwarzbrauner Boden auf. Beim genaueren Hinsehen ist er mit dunklen Steinchen durchsetzt. Steinchen? Nein, es ist Kohle, besser gesagt Holzkohle. Im Unterschied zu Steinen lässt sie sich relativ leicht zerbrechen und zeigt an den Bruchstellen zarte Jahresringe. Hier wurde ganz offensichtlich Holz verbrannt oder verkohlt. Und tatsächlich handelt es sich hierbei um die Reste von Meilern.

Vor dem Aufkommen von Steinkohle im 19. Jahrhundert war Holzkohle die leichteste und intensivste Hitzequelle, die dem Gewerbe zur Verfügung stand. Das schwarze Gold erbrachte in den Schmelzöfen wesentlich höhere Temperaturen, als

Die »Steinchen« in diesem Maulwurfshaufen sind Holzkohlestückchen.

es eine reine Holzverbrennung vermochte. Zudem war es aufgrund des geringeren Gewichts viel leichter zu transportieren als Stämme oder Scheitholz. Glasbläser, Salzsieder oder Stahlhütten, sie alle brauchten enorme Mengen an Energie. Diese stand in Form von Bäumen, vor allem Buchen und Eichen, rund um jede Stadt schier endlos zur Verfügung. Und so qualmten über Jahrhunderte die Feuer in den umliegenden Wäldern, bewacht von schwarz verrußten Gesellen. Diese planierten zuerst in mühsamer Handarbeit einen kleinen Platz, der meist in der Nähe eines Baches angelegt wurde.

41

Alte Köhlerplätze verraten sich durch kreisförmige, flache Terrassen.

Anschließend fällten sie einige große Bäume, sägten sie klein und spalteten die Klötze in Scheite. Diese wurden nun kunstvoll zu einem dichten Hügel geschichtet und anschließend mit Erde und Grassoden bedeckt. Nun musste der Brand für etliche Tage so in Gang gehalten werden, dass er nur schwelte und das Holz verkohlte, jedoch nicht verbrannte. Waren dann alle Scheite schwarz durchgefärbt und spröde wie Glas, dann wurde gelöscht – gut, wenn nun der nahe Bach Wasser führte. Umweltfreundlich war das Verfahren übrigens nicht. Die unvollständig verbrannten Abgase verpesteten die Umgebungsluft, und unter dem Meiler sickerten flüssige Kohlenwasserstoffe aus dem Verschwelungsprozess in den Boden, wo sie bis heute das Erdreich verfärben.

Mit der verstärkten Verwendung der Steinkohle verschwand das Köhlergewerbe, und der Nutzungsdruck auf die Wälder ließ nach. So konnten sie sich bis vor Kurzem erholen und in der Fläche deutlich zunehmen. Doch seit Holz als umweltfreundliche Energiequelle neu entdeckt wurde, nimmt dieser Druck leider wieder zu.

Reste einer von Bäumen überwachsenen V1-Raketen-Stellung aus dem Zweiten Weltkrieg.

Waldboden konserviert historische Spuren besonders gut, weil hier kein Bauer die Scholle pflügt oder eine Wiese abwalzt. Ob keltische Burgen oder römische Wegetrassen, vieles bleibt für Jahrtausende sichtbar. Ebenfalls erhalten sind vielerorts Relikte aus dem Zweiten Weltkrieg. Oft sind es Gräben, manchmal auch Raketenstellungen oder einfach nur Munitionsreste, die unter dem Blätterdach vor sich hin dämmern. Neben den Geschichten, die sich dahinter verbergen, offenbaren diese Hinweise auch etwas zur Frage, ob es sich um einen historischen Wald-

standort handelt. Das ist deshalb so wichtig, weil Tausende von Boden-lebewesen-Arten darauf angewiesen sind, dass der Wald erhalten bleibt. Sobald gerodet und gepflügt wird, verschwinden sie auf Nimmerwiedersehen. Geschah dies schon vor Jahrhunderten und bedecken nun wieder Bäume das Land, so handelt es sich dennoch nicht um richtigen Wald, weil seine kleinsten Bewohner fehlen. Ob und wie sie jemals zurückkommen, ist noch nicht geklärt.

Um herauszufinden, wie eine Parzelle früher genutzt wurde, kann aber auch die Vegetation helfen.

Was Zeigerpflanzen über die Bewirtschaftung verraten

Wie oft haben Sie sich schon über Blumen am Wegesrand gefreut? Oder bei einer Wanderung Brombeeren und Blaubeeren genascht, die wild an einer Böschung wuchsen? Dabei haben Sie Bekanntschaft mit Pflanzen gemacht, deren Auftreten im Wald auf kulturelle Tätigkeiten zurückzuführen ist. Von Natur aus wüchse in einem Urwald außer jungen Bäumen kaum etwas auf dem Boden. Hier und da ein wenig Moos und Flechten, ergänzt durch Pilze im Herbst – das war es im Wesentlichen schon. Die Bäume fangen alles Licht für sich selber ein und lassen anderen Pflanzen kaum eine Chance. Das ändert sich nur sehr selten, nämlich immer dann, wenn einmal ein alter Baum umstürzt. Jetzt können sich für einige Jahre Kräuter und Sträucher auf wenigen Quadratmetern ausbreiten. Doch die Nachbarbäume schieben nach und nach ihre Äste in die Lücke, sodass diese sich nach spätestens 20 Jahren erneut schließt. Und damit ist das für Waldverhältnisse kurze Intermezzo auch schon wieder beendet.

Unsere mitteleuropäischen Wälder sind jedoch samt und sonders Kunstprodukte. Sie werden ständig durchforstet und sind wegen der Bewirtschaftung so anfällig, dass immer wieder ganze Bestände durch Sturm umfallen. So kommt wesentlich mehr Licht auf den Boden, und Freilandpflanzen können die hellen Plätze erobern.

Wo Licht ist, erwärmt die Sonne das Erdreich. Hier setzt sich nun rasch der über Jahrzehnte unter schattigen Kronen angesammelte Humus um und wird von Bakterien und Pilzen in seine Bestandteile zerlegt. Abgesehen davon, dass dem Wald nun sein wertvollster Wasserspeicher verloren geht, werden jetzt sehr viele Nährstoffe auf einmal frei. Vor allem Stickstoffverbindungen lassen die Krautschicht förmlich explodieren. Typische Nutznießer sind Brennnesseln, ganz besonders aber Brombeeren, die nun undurchdringliche Gebüsche bilden.

Das ist ein Festessen für Rehe und Hirsche, die sich nun über die saftige Vegetation hermachen. Übrig bleibt, was sie verschmähen oder was giftig für sie ist: Wenn Sie blühende Flächen sehen, die über und über mit Fingerhut bestanden sind, dann ist das ein ernstes Warnsignal. Laubbäume haben hier keine Chance, denn die Wildbestände liegen mehrfach über dem natürlichen Niveau.

44

Viel Fuchskreuzkraut, viel Wild!

Waldweidenröschen sind ein gutes Zeichen.

Ein klares Warnsignal: giftiger Fingerhut.

Brennnesseln brauchen viel Stickstoff.

Auch Ginster und Fuchskreuzkraut sind verlässliche Anzeiger einer solchen Situation. Zeigt sich dagegen das Waldweidenröschen in größerer Stückzahl, so ist Entwarnung angesagt. Es ist so beliebt bei Pflanzenfressern, dass sein Auftreten von einer halbwegs natürlichen, relativ niedrigen Reh- und Hirschdichte zeugt. Werden die Brombeeren von Himbeeren abgelöst, so zeigt dies in die gleiche Richtung.

Heidelbeeren finden Sie am häufigsten in lichten Wäldern, meist mit Kiefern oder Eichen. Die Herkunft des Namens deutet es schon an: Ursprünglich war sie eine Pflanze der Heide, einem mageren, durch Schafbeweidung genutzten Land. Treffen Sie auf die Gewächse mit den essbaren, blaubereiften Beeren, dann handelt es sich also meist um einen alten Kulturstandort. Ursprünglich stand auch hier ein Urwald mit üppiger, humoser Erde.

Neue Kulturstandorte werden von anderen Arten besiedelt. Wo schwere Maschinen gefahren sind, ist der Boden so verdichtet, dass sich nach Regen das Wasser staut, weil es nicht mehr durch Poren abfließen kann. Stehendes Wasser können viele Arten nicht vertragen, sodass die Wurzeln und schließlich die ganzen Pflanzen absterben. Geschädigter Boden ent-

Eine Karte mit dominierenden Pflanzen offenbart die alte Befahrungsspuren: Binsen, Sumpfkratzdistel oder Waldziest zeigen verdichtete Böden an (rot und lila markiert).

hält im Gegensatz zu Feuchtgebieten aber nur oberflächlich Wasser, welches im Sommer rasch verdunstet. Nun ist der Standort besonders trocken, da nun von unten (ebenfalls durch die fehlenden Poren bedingt) keine Feuchtigkeit mehr aufsteigen kann. Solche ständig schwankenden Extrembedingungen halten Binsen besonders gut aus und verbreiten sich deshalb in alten Fahrspuren.

Wenn Sie viel Zeit und einen guten Pflanzenführer dabei haben, dann können Sie auf einer kahlen Fläche einmal folgendes Experiment machen: Sortieren Sie die auftretende Flora nach Gruppen, die unterschiedliche Wasser- und Nährstoffgehalte des Bodens repräsentieren. Wenn Sie

nun die Funde in eine Karte oder ein grobes 1×1-Meter-Raster eintragen, dann zeichnen sich über die Artensymbole plötzlich Befahrungsspuren ab (siehe Abbildung auf Seite 46).

Bodenspuren menschlicher Aktivitäten lassen sich übrigens am besten ausfindig machen, wenn es ein wenig geschneit hat. Bei leichtem Wind setzen sich die Flocken besonders in Vertiefungen ab, die dadurch heller hervortreten. Solche Vertiefungen, wie sie etwa durch Jahrzehnte zurückliegende Befahrung erhalten bleiben, brauchen dazu nur wenige Zentimeter unter dem natürlichen Bodenniveau zu liegen. Schneit es mehr, dann wird alles einheitlich weiß zugedeckt, und die Spuren verschwinden optisch wieder.

Schwacher Schneefall zeigt die Sünden der Vergangenheit.

Alte Buchenwälder regulieren Wasser und Kleinklima. Leider ist von ihnen nicht mehr viel übrig geblieben.

Den Wald vor lauter Bäumen sehen

Unsere Wälder sind schon lange nicht mehr natürlich. Ursprünglich bedeckten größtenteils Buchenurwälder die Fläche Mitteleuropas, unterbrochen nur von Flussauen mit Eichen, Eschen, Erlen, Pappeln und anderen wasserliebenden Bäumen. In den Hochlagen kamen Gebirgsarten wie Weißtanne, Fichte oder Bergahorn hinzu. Allen Wäldern war gemein, dass sie sehr stabil und langlebig waren. Jede Art hatte sich auf ihre ökologische Nische spezialisiert, auf ein bestimmtes Klima, eine gewisse Höhenstufe oder besondere Nährstoffgehalte des Bodens. Dieses fein austarierte Gleichgewicht hat der Mensch in den letzten 150 Jahren kräftig durcheinandergewirbelt, um gleichförmige, gut bewirtschaftbare Einheiten zu formen. Diese sollten aus wenigen, wertvollen Baumarten bestehen, die höchste Gewinne garantierten. Das ist bis heute so geblieben, auch wenn reine Monokulturen seltener werden. Wirtschaftlich uninteressante Baumarten wie Weiden oder Pappeln geraten jedoch noch immer stark ins Hintertreffen und werden aussortiert, indem man sie erstens gar nicht pflanzt und zweitens jede natürliche Ansamung spätestens nach 20 Jahren beseitigt. Lediglich an Wegesrändern, an denen auch Wirtschaftsbaumarten schlecht wachsen, werden sie toleriert. Schauen wir uns einmal im Einzelnen an, welche Arten aus dem bunten Strauß, den uns die Natur anbietet, in unseren Forsten übrig geblieben sind.

In lichten Buchenwäldern zu Hause: Frühlingsbote Buschwindröschen.

Forstwirtschaftliche Hauptbaumarten

Fichte

Schmale, zehn Zentimeter lange Zapfen unter Nadelbäumen, deren Rinde rötlich braun ist: Das können nur Fichten sein. Ihre Nadeln haben einen leichten Gelbstich und somit einen warmen Grünton. Sie stechen beim Zupacken unangenehm. Die Heimat dieser Nadelbäume ist die Taiga, also der hohe kühl-feuchte Norden. So ein Klima gibt es außer in Skandinavien oder Russland in Mitteleuropa nur kurz unter der Baumgrenze, und damit ist klar, dass Fichten nur in Hochlagen natürlich vorkommen. Dort erreichen sie selbst als mehrhundertjährige Exemplare kaum mehr als zehn Meter Größe. Eine Gefährdung durch Sturmwurf ist bei solchem Zwergwuchs kaum gegeben. Daher können diese Bäume auch über den Winter ihre Nadeln behalten, die dem Wind eine etwas größere Angriffsfläche bieten als die kahlen Zweige von Laubbäumen. Viel wichtiger ist es, beim ersten warmen Sonnenstrahl im Frühjahr gleich mit der Fotosynthese zu beginnen, um die kurze Vegetationszeit voll zu nutzen. Das geht nur, wenn nicht erst umständlich neue Nadeln produziert werden müssen.

Wird die Fichte dagegen, wie in den letzten 150 Jahren vielfach geschehen, in tieferen Lagen angebaut, dann sieht die Sache anders aus. Hier wächst sie durch die längere warme Jahreszeit viel höher. Ab einer Größe von 25 Meter wird die Hebelwirkung bei Stürmen so stark, dass unzählige Bäume umfallen. Statistisch gesehen wird mehr als jedes zweite Exemplar ein Opfer solcher Wetterereignisse.

Doch die Sägewerke drängen auf den Anbau von Nadelbäumen, weil sie billiges Bauholz produzieren möchten und nicht auf Importe angewiesen sein wollen. Daher werden bis heute viele Fichten gepflanzt, und bis auf die zuvor beschriebenen natürlichen Standorte darf ihr Auftreten in Wäldern als menschliche Spur gewertet werden.

Solche langen Zapfen am Boden verraten die Fichte. Tannenzapfen zerbröseln am Baum.

Waldkiefer

Die Waldkiefer zeigt sich mit der
typisch glatten, rötlichen Spiegel-
rinde, die bei älteren Bäumen und
dickeren Stämmen zu einer schwarz-
braunen, grobrissigen Borke wird.
Daher sind beide Formen am selben
Baum zu finden: im oberen (jüngeren
Bereich) rötlich, im unteren (älteren
Bereich) schwarzbraun. Kiefern verraten sich zudem durch ihre langen,
stechenden Nadeln und die kleinen,
kurzen Zapfen.

Ihre Herkunft teilt die Waldkiefer mit der Fichte: Es sind die nörd-
lichen Nadelwaldgürtel der Erde,
zudem einige besonders trockene,
sandige Standorte in Mitteleuropa.
Großflächig hat es diese Art bei uns
nicht gegeben, bis der Mensch sie
auf den verarmten Böden ehemaliger
Wacholderheiden pflanzte. Das ist
vor allem in Nord- und Ostdeutsch-
land bis heute der Fall. Und weil
die Bäume dort eigentlich nicht zu
Hause sind, kämpfen sie ebenso wie
andere nichtheimische Nadelbaum-
arten mit Insektenbefall, Sturmwür-
fen und Waldbränden. Hinzu kommt,
dass Kiefernholz besonders schlecht
bezahlt wird. Weder als Brennholz
noch als Bauholz ist es sonderlich
begehrt, sodass ein Ersatz durch
Laubbaumpflanzungen auch wirtschaftlich sinnvoll wäre.

Die Waldkiefer zeigt sich mit rotbraunem
Stamm und wolkenförmiger Krone.

Douglasie

Grüne Nadeln mit einem graublauen
Farbstich, die beim Zerreiben nach
Orangeat riechen und nicht piksen,
Zapfen, aus deren Schuppen kleine
Zungen ragen, eine raue, rissige
Rinde (deutlich gefurchter als die
von Eichen) sind die Merkmale der
Douglasie (siehe Foto auf Seite 52).
Sie ist eine eingebürgerte Art und
stammt ursprünglich aus dem Nord-
westen der USA und Kanadas. Dort
bildet sie beeindruckende Wälder
mit gigantischen Bäumen und kann
dabei größer werden als Mammut-
bäume. Mit 133 Metern zählt die
höchste je gemessene Douglasie zu

Douglasienzapfen sind an den dreizipfeligen Deckschuppen zu erkennen.

Diese Douglasie hat schon die meisten Nadeln verloren und wird bald sterben.

den Rekordhaltern. Solche Kraftmeier wollte man auch in Europa haben, und so wurde diese Art im 20. Jahrhundert in vielen Forsten gepflanzt. Etliche fabelhafte Eigenschaften werden ihr zugeschrieben. Neben dem raschen Wuchs sei sie resistent gegen viele Pilze und vor allem Insekten. Zudem nehme sie Verletzungen durch Maschinen oder Hirschfraß nicht übel und wüchse trotzdem gesund weiter. Ihre Nadelstreu sei milder als die von Fichten, zudem soll sie zahlreiche Tierarten beherbergen. Als letztes Argument für diese Neubürgerin nennen viele Förster, dass sie eigentlich gar keine sei: Nur die Eiszeiten hätten sie aus Europa verdrängt, so die Befürworter.

Bei genauerem Hinsehen stimmt davon wenig. Ihre Robustheit ver-

dankt die Douglasie wie viele Importarten der Tatsache, dass ihre Widersacher nicht mit eingeführt wurden. Im Rahmen des globalisierten Handels reisen jedoch immer mehr Schadorganismen ihrer Lieblingsbaumart hinterher. Pilzerkrankungen wie die Douglasienschütte und Insekten wie die Douglasien-Wollschildlaus sind nur zwei prominente Vertreter, die den Waldbesitzern das Leben schwer machen. Zudem kommen scheinbar immer mehr heimische Arten auf den Geschmack: So befallen nun Fichtenborkenkäfer zunehmend auch Douglasien. Und die milde Nadelstreu? Sie wird zwar von manchen Bodenorganismen tatsächlich verwertet, doch die meisten Arten, eigentlich auf Laubstreu eingestellt, können mit ihr nichts anfangen. Ein letztes Problem wird neuerdings immer drängender: Viele Douglasien kränkeln und sterben schließlich ab. Ursache ist die spezifische Herkunft. Bäume mit Ahnen von der Westküste Nordamerikas bleiben meist gesund, während eine Abstammung aus dem küstenfernen Inland Probleme verursacht. Wie räudige Hunde sehen solche Exemplare aus, an deren Stämmen klebriger Harzfluss von einem kritischen Zustand zeugt. Steigende Temperaturen, wie sie der Klimawandel mit sich bringt, vertragen die Inländer gar nicht. Und da sich die Douglasien bei uns munter untereinander mischen, mithin Bastarde aller Abstufungen in unseren Wäldern wachsen, entwickelt sich der Anbau dieser Baumart zu einem Roulettespiel. Dass sie immer noch von vielen Forstexperten als Geheimwaffe für die Zukunft gehandelt wird, kann nur Kopfschütteln ernten.

Dennoch stehen nun viele Tausend Quadratkilometer Douglasienbestände in unseren Wäldern, und selbst wenn sie irgendwann wieder durch Laubbäume ersetzt werden sollten, so kann man die Stämme jetzt doch wenigstens noch nutzen. Sie ersetzen beim Bau von Terrassen tropische Hölzer wie Bangkirai und sind sehr witterungsbeständig.

Weißtanne

Silbergraue Rinde, weiche, gescheitelte und unterseits weiß gestreifte Nadeln – das ist die Weißtanne. Ihre Samenstände zerbröseln stehend auf den Ästen, sodass es unter ihr am Boden keine Zapfen gibt. Weißtannen verhalten sich anders als die bisher genannten Nadelbäume. Sie gesellen sich gerne zu Laubbäumen und gehörten als einzelne Einsprengsel zu unseren Buchenurwäldern. Ihre Wurzeln reichen sehr tief, und das hat gleich zwei Vorteile: Zum einen erschließen sie sich so mehr Wasservorräte, wodurch sie Trockenheit deutlich besser überstehen als etwa Fichten. Zum anderen verankern sich die Weißtannen dadurch sehr gut und sind so wenig sturmanfällig. Gerade für das zukünftig zu

Alte Weißtannen bilden flache Storchennestkronen. Leider sind sie selten zu sehen.

erwartende Klima ist diese Nadel-baumart bestens geeignet, doch lei-der ist sie sehr beliebt bei Rehen und Hirschen, denn ihre saftigen Nadeln stechen nicht und schmecken besser als die anderer Arten. Bei den aktu-ell extrem hohen Wildbeständen hat sie daher kaum eine Chance, statt der Fichten und Kiefern in unsere Wäl-der zurückzukehren.

Eiche

Denken Sie bei der Eiche auch an »den« typisch heimischen Laub-baum? Die gebuchteten Blätter, die großen, ovalen Früchte eine raue, gefurchte Rinde, knorrige, tief ange-setzte Äste an einem dicken Stamm – das ist das Sinnbild von Standhaf-tigkeit, gepaart mit einem Schuss

Eicheln waren früher für die Schweinemast wichtig. Im Urwald wuchsen Eichen dagegen selten zwischen den vorherrschenden Buchen.

Romantik. Allerdings stehen solche Exemplare nicht im Urwald, sondern auf Wiesen oder an Bauernhöfen. Sie wurden einst gepflanzt, um den Schweinen im Herbst noch einmal ein wenig Speck auf die Rippen zu bringen, wenn sie die Eicheln fres-sen. Im ursprünglichen Wald kamen sie nur einzeln oder in kleinen Grup-pen zwischen den dominierenden Rotbuchen vor, doch der Mensch hat, etwa im Spessart oder im Keller-wald, Reinbestände durch Saat oder Pflanzung begründet. So lässt sich die Baumart leichter bewirtschaf-ten, allerdings wird sie dadurch auch anfälliger für Insektenbefall. So kann sich der Eichenprozessionsspinner, gefürchtet wegen der aggressiven Haare seiner Raupen, nur in künstli-chen Anpflanzungen massenhaft ver-mehren. Er braucht besonnte Kronen, wie sie nur Stadtbäume oder infolge intensiver Bewirtschaftung aufgelich-tete Wälder aufweisen. Diese Wälder verschärfen die Befallsproblematik in den Städten erheblich.

Wenn Sie durch einen reinen Eichenwald gehen, dann ist dieser immer ein Kunstprodukt der Forst-wirtschaft, welches mit echter Natur wenig zu tun hat.

Rotbuche

Eine silbergraue, glatte Rinde, ein majestätischer Säulenstamm, eine große Krone, die den Waldboden in tiefen Schatten stellt: Das ist die Rotbuche. Sie ist die eigentliche Königin unserer Wälder. Hätte der Mensch ihn nicht gestoppt, so würde sich dieser Laubbaum über ganz Mitteleuropa ausbreiten und aktuell sogar Südschweden erobern. Lediglich besonders hohe Lagen über 1200 Meter oder sehr trockene Regionen meidet er. In seinem Schlepptau gibt es Tausende Tier- und Pflanzenarten, die auf Buchenurwälder angewiesen sind. Leider verschwanden diese Wälder bei uns vollständig, doch daran kann man etwas ändern, indem wenigstens die kümmerlichen Restbestände an über 160-jährigen Buchen unter Schutz gestellt werden. Diese haben das größte Potential, sich wieder zu Urwäldern zu entwickeln.

Forstwirtschaftlich ist die Situation zwiespältig. Auf der einen Seite stehen die Naturschützer und mittlerweile Teile der Bevölkerung, die eine Rückkehr der Buchenwälder fordern, auf der anderen Seite stehen Förster und Holzindustrie, die ob des momentan geringen Holzpreises für Sägeholz vor dem Anbau zurückschrecken. Daher wird zweigleisig gefahren, das heißt Mischbestände

Die Buche ist eigentlich die typische Baumart unserer heimischen Wälder.

aus Laub- und Nadelholz gepflanzt. Mit einem Urwald-Ökosystem haben solche Forste leider immer noch nichts zu tun.

55

Bäume in Reih und Glied oder lieber wild?

Pflanzung

Für Bäume ist die Pflanzung ein grausamer Akt. Schon in der Baumschule werden die Wurzeln beschnitten, damit sich ein kompakter Ballen ergibt, der gut ausgehoben, transportiert und später wieder eingepflanzt werden kann. Dazu ist es notwendig, die Wurzelspitzen mehrfach zu kappen. Mittlerweile weiß man, dass gerade in diesen Organen hochsensible Strukturen sind, die sich suchend durch die Erde tasten und dabei den optimalen Weg finden. Werden diese Teile entfernt, dann erholt sich das Wurzelsystem nie wieder davon. Es wächst fortan flach, kann kaum noch Tiefe gewin-

Noch Jahrzehnte später zeigt diese Wurzel, wie sie bei der Pflanzung verbogen wurde.

nen und so den Stamm nicht mehr richtig verankern. Künftige Würfe der ausgewachsenen Bäume durch Stürme sind somit vorprogrammiert. Die Gewinnung des Saatguts aus wenigen anerkannten Beständen schränkt die genetische Vielfalt der Bäume zudem stark ein – das macht Wälder anfälliger. Trotzdem werden viele Waldbestände bis heute gepflanzt, weil es eine sehr billige, rationelle Methode ist, eine Fläche schnell mit Bäumen zu besetzen. Die Folgen treten dann 100 Jahre später und damit mindestens drei menschliche Generationen weiter auf – das ist dann nicht mehr das Problem heutiger Förster. Die Pflanzung ist der teuerste Akt konventioneller Forstwirtschaft und muss sich bis zur Ernte der ausgewachsenen Bäume verzinsen – in der Regel auf eine Laufzeit je nach Baumart von rund 80 bis 160 Jahren. Würde das nicht staatlicherseits massiv subventioniert, dann würde sich so etwas nicht lohnen. Billiger oder gar kostenlos ist dagegen die Naturverjüngung (siehe dazu Seite 59), doch die setzt voraus, dass man die gewünschte Baumart als Altbäume besitzt und keine Kahlschläge macht …

▪ REIHENPFLANZUNG

Bei der Reihenpflanzung werden
Fluchtstäbe (rot-weiße Peilstäbe) in
einer Reihe ausgerichtet und dann
wird entlang dieser Reihe gepflanzt.
Das Resultat sind schnurgerade
Linien von Bäumchen, die wie auf
einem Exerzierplatz stehen. Der
Grund für diese Ordnung ist die
leichtere Überprüfbarkeit der optimalen Baumabstände untereinander
(meist 2 × 3 Meter). Zudem können
später problemlos Rückegassen angelegt werden, denn dann braucht einfach nur eine komplette Reihe entfernt zu werden, und schon ist ein
schnurgerader Weg geschaffen.

▪ GRUPPENPFLANZUNG

Bei der Gruppenpflanzung (je nach
Bundesland auch Klumpenpflanzung
genannt) werden natürliche Klein-
gruppen imitiert, wie sie auch in
Urwäldern vorkommen. Dazu setzt
man 20 bis 100 Bäume einer Art
kreisförmig oder quadratisch zusammen. Das Ziel: Aus dieser Gruppe
soll sich später ein einziger erwach-
sener Stamm erheben, der von den
anderen Exemplaren umfüttert
wird. Dadurch verliert er im unteren
Bereich seine Äste und kann hier ast-
freies, besonders wertvolles Holz bilden. Zwischen den Gruppen sollen
sich andere Baumarten wild ansamen

So sieht eine junge Plantage aus: Ordentlich
ausgerichtet wurden die Bäume angepflanzt.

Sparmodell: Junge Buchen, als Gruppe
gepflanzt, sollen später wertvolle Einzelbäume
hervorbringen.

57

und dadurch die Lücken im Bestand schließen. Gruppenpflanzungen sollen die Kosten einer Forstkultur senken, ohne die Qualität der späteren Erntebäume zu gefährden.

▪ SPARMISCHUNG
Ein Fichtenbestand, durchsetzt von einzelnen Douglasien, geht oft auf eine Sparmischung zurück. Diese besondere Form der Reihenpflanzung kam früher zur Anwendung, weil Douglasiensaatgut früher so teuer war, dass man es sich nicht leisten konnte, die nach damaligen Kriterien erforderlichen 5000 bis 10 000 Setzlinge pro Hektar zu pflanzen. Daher kaufte man nur einige Hundert und füllte die Lücken mit billigeren Fichten auf. Auch heute noch sind junge Fichten eines der billigsten Sortimente der Baumschulen, doch die Betriebe können es sich mittlerweile leisten, reine Douglasienbestände anzupflanzen.

Saat
Die Saat ist die ursprünglichste Form der Forstwirtschaft, kommt sie doch den Urwaldprozessen am nächsten. Da der Sämling an Ort und Stelle weiterwachsen kann, vermögen sich seine Wurzeln ungestört zu entwickeln. Zur Saat wird manchmal

der Boden vorbereitet, indem per Maschine oder durch eine vom Pferd gezogene Egge der Oberboden verwundet wird. Das ist meiner Meinung nach völlig überflüssig, da das schlechte Keimen weniger auf den Humus, sondern vielmehr auf stark überhöhte Rehbestände zurückzuführen ist, die jedes Pflänzchen sofort vertilgen. Zudem bedeutet eine Bodenbearbeitung immer eine massive Störung des Ökosystems. Davon abgesehen, stellt sich die Frage, wie das die alten Buchenurwälder vor Jahrmillionen ohne menschliche Hilfe geschafft haben, wenn es eine Notwendigkeit wäre.

Eine völlig störungsfreie Saatmethode ist die Häherkiste (siehe Foto auf Seite 59). Das ist eine Holzplattform, die auf einem alten Baumstumpf befestigt wird. Hier hinein werden Eicheln oder Bucheckern gefüllt und Eichelhähern und Eichhörnchen angeboten. Die Tiere

Buchen keimen seit Jahrmillionen bestens ohne die Hilfe von Menschen und Maschinen.

Die Häherkiste wird mit reichlich Eicheln oder Bucheckern befüllt. Die Verteilung übernehmen dann die Eichelhäher.

Naturverjüngung

Wenn Sie unter alten Bäumen Tausende von Jungbäumen der unterschiedlichsten Größe sehen, dann handelt es sich meist um Naturverjüngung. Damit ist die natürliche Aussaat gemeint, die mit dem herbstlichen Samenfall milliardenfach jährlich stattfindet. Ist es hell genug im Wald, gibt es also ausreichend Lücken zwischen den Altbäumen, durch die Sonnenlicht bis zum Boden dringt, dann hat der Nachwuchs eine Chance. Naturverjüngung ist also ein völlig natürlicher Vorgang. Welche menschlichen Spuren sollte es hier zu entdecken geben?

Ursprünglich hatte der Baumnachwuchs nur alle paar Jahrzehnte einmal auf wenigen Quadratmetern eine Chance. Immer dann, wenn ein alter Riese nach Jahrhunderten starb und umkippte, konnte an seinem Standplatz im hellen Licht eine kleine Gruppe junger Schösslinge aufwachsen. Da Bäume im Urwald sehr alt werden, war dieser zu über 90 Prozent von hohen Säulenstämmen geprägt, die nur ganz selten einmal Platz für solche Baumkindergärten ließen. Die geregelte Forstwirtschaft fällt Bäume jedoch weit vor ihrer Lebensmitte. Zudem möchten die meisten Betriebe eine gleichmäßige Fläche mit Jung-

bedienen sich gerne am gedeckten Tisch und legen damit ihre Winterdepots im Umkreis an. Da Häher bis zu 10 000 Samen verstecken, jedoch nur einen Bruchteil davon verbrauchen, keimen im Frühjahr ringsherum viele neue Bäume. In meinem Revier werden solche Kisten in Fichtenbestände gestellt, um unter den Altbäumen einen Übergang zu den Laubwäldern von morgen einzuleiten. Neben dem guten Anwuchserfolg hat die Methode einen weiteren großen Vorteil: Sie ist unschlagbar billig.

Schirmschlag – ökologische Waldwirtschaft sieht anders aus. Hier herrscht Monotonie.

Altbestand nun nur noch ein wenig Schatten spendet, bevor man ihn ein paar Jahre später ganz beseitigt (mehr dazu auf Seite 69). Nun kann der Nachwuchs jeden Quadratmeter nutzen und macht den Waldboden »dicht«. Gerade in Gebieten mit zu hohen Wildbeständen verspricht man sich durch dieses Überangebot an jungen Trieben eine hohe Anzahl an Bäumchen, die unbefressen aufwachsen. Der Preis für das schematische Vorgehen ist der Verlust an Struktur. Wo im ökologisch bewirtschafteten Plenterwald Baumarten jeglichen Alters und aller Größen gemeinsam aufwachsen, herrscht im Schirmschlag Monotonie. Unten gleichförmige Naturverjüngung, oben gleichförmiges Altholz, dazwischen nichts – so eine Naturverjüngung gehört tatsächlich zum Altersklassenwald.

Allerdings gibt es auch im Plenterwald oder im Urwald Naturverjüngung, doch hier fällt sie nicht großflächig ins Auge. Die Baumjugend wächst unter natürlichen Bedingungen sehr langsam, eine Voraussetzung, damit Bäume sehr alt werden können. In aufgelichteten Wäldern schießen Jungbäume dagegen im Licht regelrecht empor und verausgaben sich dabei innerhalb weniger Jahrzehnte.

bäumen erzeugen, weil sie so besser zu planen und zu kontrollieren ist (siehe »Kahlschlagswirtschaft« auf Seite 14). Um das zu erreichen, wird der alte Wald auf ganzer Fläche besonders stark durchforstet und damit überall aufgelichtet. Das nennt man »Schirmschlag«, weil der

Wildschäden und aufwendige Abwehrmaßnahmen

Wenn Sie durch den Wald spazieren, dann schauen Sie sich die kleinen Sträucher links und rechts des
Weges einmal genauer an. Oft ist
es nämlich gar kein Gebüsch, sondern es sind kleine Bäume, die wie
mit einer Gartenschere gestutzt sind.
Allerdings waren es keine Gärtner,
sondern Rehe und Hirsche, die die
Triebe gekappt haben. In den Knospen steckt viel Energie, die vor allem
im Winter gebraucht wird. Solange
nur ein paar Bäumchen davon
betroffen sind, kann der Wald das
verkraften. Durch massive Fütterung
haben sich die Wildbestände jedoch
so erhöht, dass sie um ein Vielfaches
über dem natürlichen Niveau liegen.
Und da die Tiere besonders gerne
Laubbaumnachwuchs fressen, bleiben vielerorts nur junge Nadelbäume
übrig – die spitzen Nadeln tun im
Maul weh und schmecken wegen der
ätherischen Öle nicht. Der von den
meisten Forstverwaltungen geplante
Wandel zu natürlichen Laubwäldern
gerät so in Gefahr.

    Werden hektarweise Buchen,
Eichen und andere vom Verbiss
bedrohte Arten gepflanzt, so lohnt es
sich, die Fläche einzuzäunen. Vielfach wird dies mit verzinktem Draht-
geflecht gemacht. Gibt es örtlich nur

Ein Zaun mitten im Wald weist immer auf
unnatürlich hohe Wilddichten hin.

Rehe und Wildschweine, so reicht
eine Zaunhöhe von 1,60 Meter. Tauchen dagegen auch Hirsche auf, so
muss auf zwei Meter erhöht werden, damit kein Tier hinüberspringt.
Auch am Boden ist der Zaun zu
sichern, indem Heringe aus Holz eingeschlagen werden. Trotzdem wühlen sich oft Wildschweine hindurch,
und danach nutzen Rehe die kaum
30 Zentimeter hohen Öffnungen,
um auf dem Bauch rutschend in das
Schlaraffenland einzuziehen.

    Ökologischer ist es, Zäune aus
Dachlatten zu bauen. Diese sogenannten Hordengatter verrotten nach

Eine 50-jährige Buche, die durch Wildfraß wie ein Bonsai aussieht.

Ein Soldatenfriedhof? Nein, eine Pflanzung, die aufwendig mit Wuchshüllen geschützt wird.

einigen Jahren im Wald und müssen daher nicht mehr abgebaut werden. Sind nur wenige Hundert Bäumchen zu schützen, dann lohnt ein Zaun nicht. »Einzelschutz« heißt nun die Devise, und dessen teuerste Variante ist die Wuchshülle. Das ist eine Röhre aus Kunststoff, die über die frisch gepflanzten Setzlinge gestülpt wird und oben offen ist. Befestigt wird das Ganze an einem dünnen Holzpfahl. In der Röhre wächst der Baum geborgen heran – es ist schön feucht und schattig, und kein hungriges Maul erreicht die Triebe. Zumindest so lange, bis ein Meter Größe

überschritten ist. Nun lugt die Gipfelknospe heraus und verschwindet häufig im Reh- oder Hirschmagen. Verwendet man größere Wuchshüllen, so legen diese sich schon bei leichteren Winden um und knicken die eingeschlossenen Schösslinge ab.

Eine andere Variante ist das Einpinseln mit schlecht schmeckenden Mitteln. Diese sollen den Tieren den Appetit verderben und zugleich über ihre weiße Farbe signalisieren, dass man es hier gar nicht erst zu probieren braucht. Allerdings wirkt das nur im Winterhalbjahr. Sobald sich im Frühjahr die Blätter aus den Knospen rollen, werden diese trotzdem heißhungrig verzehrt. Sie sehen: Sind die Wildbestände zu hoch, dann gibt es kaum vernünftigen und bezahlbaren Schutz. Sinnvoller wäre es, stattdessen entweder durch Abschuss oder aber besser noch den Verzicht auf Fütterung die Population zu reduzieren. Das wird amtlicherseits landauf, landab propagiert, leider aber kaum beachtet. Und solange sich daran nichts ändert, ist ein echter Umschwung zu mehr natürlichen Wäldern vielerorts nicht zu erreichen. Streng genommen ist es nicht das Wild, welches die Schäden verursacht, sondern die Jagd, wie ich ab Seite 121 erläutern werde. Deshalb sollte man besser von Jagd- statt von Wildschäden sprechen.

Bestandespflege – ein unnötiger Zeitvertreib

In jungen Waldbeständen, deren Bäume kaum armdick sind, finden Sie oft umgesägte Exemplare, die zum Verrotten liegen gelassen werden. Dieser scheinbar sinnlose Akt nennt sich Bestandspflege. Das hört sich wohltuend an, nach Hygiene oder Wellness. Tatsächlich ist es eine eher ruppige Methode, um junge Bäume auszusortieren. Von Natur aus würde der Nachwuchs unter den Mutterbäumen stehen und dort nur sehr langsam nach oben streben. Diese Langsamkeit wird über eine Lichtdrosselung erreicht, denn die Mütter lassen nur so wenig Sonne durch, dass es kaum zum Leben reicht. Dadurch bilden die Bäumchen nur sehr feine Seitenäste aus und wachsen, wenn überhaupt, schön gerade nach oben. Exemplare, die sich zur Seite biegen und krumme Stämmchen bilden, werden von ihren Kameraden überwachsen und sterben ab, weil sie endgültig im Dämmerlicht versinken.

Im Laufe der Jahrzehnte verliert der Nachwuchs die unteren Äste, und die kleinen Aststümpfe werden rasch überwachsen. Später, als erwachsene Bäume, hat man so glatte, im Wortsinne astreine Stämme. Genau dies ist in der Holzindustrie begehrt und gut bezahlt, denn die daraus gefertigten Produkte sind sehr gleichmäßig und ohne störende Astlöcher. Die wertvollsten Stämme findet man in einem Urwald, allerdings gibt's den bei uns leider nicht mehr. Zweitbeste Wahl wäre der Plenterwald (siehe Seite 22), doch in den meisten Wäldern wer

Liegen gelassene Jungbäume weisen auf eine Bestandespflege hin.

den die Altbestände entweder kahl geschlagen oder enden aufgrund ungeeigneter Baumartenwahl bei einem Sturm. Das Resultat ist in beiden Fällen dasselbe: Schützende Baummütter gibt es nicht mehr, der Nachwuchs ist auf sich allein gestellt. Und er fühlt sich anfangs wie im Schlaraffenland. Niemand bremst ihn durch Schatten, es kann nach Lust und Laune Fotosynthese betrieben werden. Dadurch wachsen die Bäumchen sehr rasch und breiten gleichzeitig ihre Äste nach allen Seiten aus. Diese werden im Laufe der Jahre sehr dick und mindern die Holzqualität erheblich, denn sie fallen nicht ab und sind später in allen Brettern und Möbeln gut als Punkte zu sehen.

Da man solche Stämme nur mit Preisabschlägen verkaufen kann, werden die Bäumchen auf den Kahlschlägen sehr eng gepflanzt. So können sie zwar schnell nach oben wachsen, sich aber nicht nach den Seiten ausdehnen. Schon nach fünf bis zehn Jahren stoßen sie mit den Ästen aneinander und nehmen sich in den unteren Stammbereichen das Licht. Dadurch sterben die Äste ab und können nicht mehr dicker werden. Allerdings kann sich durch den Dichtschluss auch die Krone nicht ausbreiten, und so wird einige Jahre später eingegriffen. Besonders schöne, gerade Exemplare werden herausgesucht und freigestellt. Dazu werden im Umkreis die Nachbarbäumchen abgesägt, klein geschnitten und liegen gelassen. Wenn es sich der Förster ganz einfach machen möchte, dann lässt er einfach ganze Reihen fällen – das schafft auch Luft.

Jungbestandespflege ist ein gutes Beispiel dafür, dass naturfernes Wirtschaften im Wald viele Eingriffe nach sich zieht, die Kosten produzieren und langfristig dadurch die Gewinne des Waldbesitzers drücken.

Eine besondere Form der Pflege ist die Ringelung. Sie ist in jungen Waldbeständen zu finden und wird meist bei Laubbäumen angewandt. Ihnen fehlt nach der Behandlung in einer Höhe von einem Meter ringsherum ein Streifen Rinde, sodass das blanke Holz herausschaut. Dieser Rindenstreifen wurde um den Stamm herum abgeschält und zusätzlich noch die wichtige Wachstumsschicht, das klare Kambium, abgebürstet. Dadurch kann der Baum die Rinde nicht regenerieren, in der Nährstoffe von der Krone zu den Wurzeln hinab transportiert werden. So erhalten die

Schmerzhaft für den Baum, aber billig für den Betrieb: die Ringelung des Stamms.

unterirdischen Organe normalerweise Energie in Form von Zucker, damit sie ihre anstrengende Arbeit des Hinaufpumpens von Wasser und Mineralien erledigen können. Versiegt dieser Strom, dann verhungern die Wurzeln, und der Rest des Baums verdurstet. Das klingt gemein? Finde ich auch! Denn Bäume verspüren Schmerzen, und während sie bei einer Fällung rasch ihr Leben beenden, kann sich eine Ringelung über viele Jahre hinziehen, bis der Baum stirbt. Manchmal wird er von seinen

65

Kollegen über Wurzelverwachsungen noch mehr als zehn Jahre versorgt, bis das offen liegende Holz an der Wunde von Pilzen zerstört ist und er schließlich abbricht. Grund für die Ringelung ist die Arbeitsplanung der Forstbetriebe. Diese Maßnahme darf nach den Unfallverhütungsvorschriften von einer Person alleine durchgeführt werden, während Arbeiten mit Motorsäge immer zu zweit gemacht werden müssen. So kann die andere Person bei einem Unfall Hilfe herbeiholen. Die ungefährliche Ringelung wird gerne in der Urlaubszeit im Sommer erledigt, wenn oft nur eine Arbeitskraft im Revier zurückbleibt.

Bei Nadelbäumen verwendet man die Methode nicht, weil sich in den so behandelten Exemplaren Borkenkäfer vermehren. Diese befallen dann auch die übrigen Bäume, was zur Vernichtung ganzer Bestände führen kann.

Astung für makelloses Möbelholz

In manchen Wäldern, meist Douglasien- oder Fichtenforsten, sind besonders gerade Exemplare mit Farbe markiert und im unteren Stammbereich völlig astfrei. Schauen Sie einmal genauer hin: Oft sind die Aststummel, so man sie denn noch erkennen kann, glatt und nicht zersplittert, wie das bei natürlich abgebrochenem Holz der Fall wäre. Zudem setzen die Äste am Stamm ab einer bestimmten Höhe plötzlich wieder ringsherum ein. Hier waren Waldarbeiter am Werk, die am Baum je nach Auftrag auf den unteren fünf bis zehn Metern sämtliche Äste sorgfältig abgesägt haben. Sinn der Maßnahme ist astreines Holz. Astrein? Diesen Begriff verwendet man sprichwörtlich für besonders gute Dinge, und beim Holz sind das makellose Bretter. Vielleicht kennen Sie das vom heimischen Parkett oder einer hölzernen Wandverkleidung: Preiswerte Ware enthält viele Äste, die sich als dunkle Punkte auf der Oberfläche abzeichnen. Um sie herum verlaufen die Jahresringe nicht als gerade Linien, sondern als Wirbel. War der Ast schon tot, als der Baum gefällt wurde, können diese »Punkte« herausfallen, da tote Äste nicht mehr mit dem umgebenden Holz zusammenwachsen.

Will man Premiumware produzieren, Bretter mit geradem Faserverlauf, ohne Punkte oder gar herausfallende Teile, dann muss der Baum

66

Das Entfernen toter Äste dient der Erzeugung wertvoller Hölzer ohne Astlöcher.

Eingewachsene Äste mindern den Holzwert.

Astrein! Holz ohne Äste erzielt Höchstpreise.

in seiner Jugend geastet, also komplett von unerwünschten Trieben am unteren Stamm befreit werden. Wird der Baum nun im Laufe der Jahre dicker, so wachsen weitere Jahresringe über die Aststummel und bilden anschließend das gewünschte makellose Holz. Jahrzehnte später besitzt der Baum dann einen astfreien Speckgürtel, der über dem inneren, astigen Kern aus Jugendzeiten liegt. Die Stammteile werden dann in Furnierwerken wie in einem riesigen Bleistiftspitzer abgeschält, und die makellosen, millimeterdünnen Holzplatten können zum Bekleben von Tischplatten und anderen hochwertigen Produkten verwendet werden.

Die Preise für geastetes Holz liegen mehrfach über denen für normale Stämme, sodass die Maßnahme lohnend ist. Einzige Voraussetzung ist, dass der so behandelte Baum

lange genug stehen bleibt, um extrem alt und sehr dick zu werden. Da Nadelbäume (mit Ausnahme der Weißtanne) besonders sturm- und insektenanfällig sind, gleicht die Astung bei ihnen einem Roulettespiel. Eichen, Buchen, Kirschen und Birken sind da schon eher geeignete Kandidaten.

Astungen sind in Urwäldern überflüssig, denn dort verlieren junge Bäume beim Heranwachsen im Dämmerlicht die unteren Äste von allein. Erst in den Plantagen mit den ständigen Durchforstungen fällt so viel Sonne bis zum Boden, dass die Äste tief am Stamm lange grün bleiben und dick werden. Oft fallen sie selbst nach 100 Jahren nicht ab, sodass zur Erzeugung wertvollen Holzes mit viel Aufwand nachgeholfen werden muss. Würde ökologisch gewirtschaftet, so könnten sich die Betriebe diese Ausgaben größtenteils sparen.

Durchforstung für mehr Licht im Kronendach

Wenn Sie dickere Stämme, also Nutzholz, frisch gefällt im Wald herumliegen sehen, ohne dass ein Kahlschlag gemacht wurde, dann hat man dort gerade durchforstet. Eine Durchforstung dient der Pflege und Ernte zugleich. Überflüssige Stämme werden gefällt, wertvollere zum weiteren Wachsen stehen gelassen. Natürlich sind die gefällten Bäume nur aus der Sicht des Menschen überflüssig. Bei der konventionellen Durchforstung (Dauerwald, Altersklassenwald) werden dazu zunächst Z-Bäume markiert (siehe dazu auch Seite 18). Das sind besonders gerade und makellose Exemplare, die mehr Licht erhalten sollen, um schneller dick und wertvoll zu werden. Das erhöht langfristig die Rendite. Bei jeder Durchforstung werden künftig ein bis zwei Nachbarn gefällt, sodass immer genug Licht in die Krone des Elitebaums scheint und sich diese in der Folge stark verbreitert. Doch diese Festlegung hat auch Nachteile. Wenn ein Sturm oder Borkenkäfer dem Z-Baum den Garaus machen, dann gibt es zumindest nach einigen Jahrzehnten keine Ersatzkandidaten mehr. Diese wurden ja nach und nach geerntet, um ihm mehr Platz zu verschaffen. Und solche Ausfälle kommen sehr häufig vor, ein Umstand, der für die Plenterdurchforstung spricht. Auch bei dieser Art der Pflege und Ernte werden die zu entnehmenden Stämme gekennzeichnet, Z-Bäume kennt der Plenterwald dagegen nicht. Es wird nur hier und da ein einzelner dicker Baum geerntet, der Großteil der Fläche jedoch in Ruhe gelassen. Das gefällte große Exemplar hinterlässt eine entsprechende Lücke im Kronendach, wodurch hier der Nachwuchs eine Chance bekommt und durchstarten kann. Die gute Durchmischung aller Altersstadien auf kleinster Fläche garantiert, dass an der Stelle eines abgestorbenen Baums sofort der nächste Halbwüchsige den Platz einnimmt. Der Wald wirkt wenige Monate nach der Durchforstung so, als wäre er nicht angetastet worden. Wichtig ist, dass schonend gefällt und gerückt wird, und das geht nur in Handarbeit.

Mit dem Einsatz von Harvestern vermag man allerdings keinen Plenterwald zu erreichen. Oft kann der Fahrer mit dem Greifarm nicht an jeden markierten Baum herankommen, weil sich noch andere davor befinden, die eigentlich stehen bleiben sollen. Oder sollten. Denn bis zu

Viele Stämme, doch kein Kahlschlag: So sieht eine frische Durchforstung aus.

zehn Prozent technische Entnahme erlaubt ihm der Förster. Das bedeutet, dass die hindernden Exemplare einfach mit abgesägt werden. Und da dies oft die Halbwüchsigen sind, die die Plenterstruktur bilden sollen, bleibt nach mehreren Maschineneinsätzen ein monotoner Baumbestand mit gleich dicken Z-Bäumen übrig.

Tut eine Durchforstung den Wäldern gut? Grundsätzlich nicht, denn sie entzieht ihnen Biomasse. Ob lebendig oder tot, jeder Baum speichert Wasser, welches in heißen Sommertagen die Luft befeuchtet und kühlt. Dadurch sinkt der Wasserverbrauch im Wald, was für Hitzeperioden überlebenswichtig ist. Zudem werden mit dem Holz wichtige Nährstoffe und potentielle Humusbildner entfernt, was ebenfalls eine Schwächung der Wälder nach sich zieht. Legitime Wirtschaftsinteressen erlauben eine schonende Nutzung, bei der weniger als der jährliche Holzzuwachs genutzt wird. Wird jedoch damit argumentiert, der Wald müsse durchforstet werden, um ihn gesund zu erhalten, dann ist das so nicht richtig und nichts anderes als der Versuch der Forst- und Holzbranche, die Rohstoffnutzung mit dem Mäntelchen des Umweltschutzes zu verbrämen.

Waldgraffiti – Markierungen an Bäumen

Sprühfarbe im Wald mag ich nicht, denn sie stört die Idylle und weist immer wieder darauf hin, dass man in Plantagen unterwegs ist. In meinem Revier werden notwendige Markierungen in aller Regel mit verrottbarem Papierband durchgeführt, aber das ist hierzulande die Ausnahme.

Vor dem Aufkommen von Farbsprühdosen wurde mit dem Reißhaken markiert. Das ist ein Messer, dessen Spitze u-förmig gebogen ist. Die zur Fällung ausgesuchten Bäume bekamen auf zwei Seiten einen Ritzer in die Rinde, was den Baum zwar verletzte, aber er würde ja ohnehin bald weichen. Manchmal wurden so auch Inventurmarken an Bäumen angebracht, die noch lange stehen bleiben sollten. Im Abstand von zehn Jahren wird der Holzbestand der lebenden Bäume vermessen und berechnet. Das gleicht einer Jahresinventur eines Kaufhauses. Früher markierten die Förster dazu die bereits gezählten Exemplare. Der Reißhaken wurde schon lange ausgemustert, aber speziell an alten Buchen mit ihrer glatten Rinde sind solche Zeichen noch heute zu finden.

Moderne Markierungen bestehen aus Sprühfarbe. Sie ist angeblich umweltfreundlich, doch manch

Der Schrägstrich markiert den Baum zur Fällung.

Förster klagt über Lungenprobleme durch den Sprühnebel. Wie auch immer, der Wald ist nun bunter geworden. Zu entnehmende Bäume erhalten einen Schrägstrich von zwei Seiten – das ist ihr Todesurteil. Als Farben werden meist Orange oder Gelb genommen, weil sie sehr weit zu sehen sind. Diese Markierungen sind dann natürlich nach der Durchforstung zusammen mit den Stämmen verschwunden. Die Schrägstriche deuten auch immer darauf hin, dass hier innerhalb des nächsten Jahres ein Holzeinschlag geplant ist.

71

Pfeil und waagrechte Striche markieren hier die Rückegasse.

Welche Farbe benutzt wird, entscheidet jede Forstverwaltung anders. Meist sind es jedoch Rot- und Orangetöne, die verwendet werden. Mich wundert das, weil unter den meist männlichen Förstern auch etliche eine Rotgrünblindheit haben und solche Markierungen nur mit Schwierigkeiten erkennen können.

Ein Farbring um den Stamm herum oder ein von allen vier Himmelsrichtungen aufgesprühter Punkt adeln den jeweiligen Stamm: Er ist nun Z-Baum, also Zukunfts-Baum, und darf bis zum geplanten Nutzungsalter von 80 bis 120 Jahren (je nach Baumart, Eiche sogar 180 Jahre) vor sich hin wachsen. Die Markierung dient zweierlei Zwecken: Zum einen müssen die Förster nicht bei jeder Durchforstung erneut die besten Kandidaten suchen, zum anderen wissen auch die Maschinenfahrer, dass sie bei diesen Bäumen besonders aufpassen müssen, um keine Beschädigungen der Wurzeln oder des Stamms zu verursachen.

Eine Nummerierung von Bäumen mit Sprühfarbe (meist weiß) deutet auf einen Probekreis für den Waldzustandsbericht hin. In einem systematischen 4×4-km-Raster werden Baumgruppen gekennzeichnet, die jährlich von Spezialisten begutachtet werden. Dabei schätzen sie vor allem den Kronenzustand ein. Fehlen viele Blätter und Nadeln, sterben gar dickere Äste ab? Das Ergebnis wird veröffentlicht, und auch wenn man nicht mehr von »dem« Waldsterben spricht, so geht es doch um den Gesundheitszustand der Bäume. Warum diese häufig so krank sind, wird dabei nicht untersucht – doch dazu später mehr auf Seite 108.

Bleibende Markierungen sind für die Rückegassen vorgesehen. Je nach Waldbesitzer kann das ein »R« (manchmal mit Pfeil) oder ein waagrechter Doppelstrich sein, oft links und rechts der Gasse und in Abständen entlang der Linie wiederholt.

Ab und zu gibt es weitere Zeichen, so etwa eine Welle. Sie zeigt an, dass hier ein »Biotopbaum« ausgesucht

Die weiße Welle kennzeichnet einen Biotopbaum, der nicht gefällt werden darf. Statt der Welle kann aber auch ein aufgesprühter Specht einen Baum vor dem Fällen schützen.

wurde. Er ist entweder abgestorben, krank oder sonst wie wertlos geworden, sodass der Forstbetrieb gerne auf ihn verzichtet und ihn der Natur überlässt. Die Kennzeichnung erfolgt, damit er nicht versehentlich im Brennholz landet. Die Fläche dieser Bäume wird aufsummiert und den geschützten Reservaten zugerechnet. Allerdings können einzeln stehen gebliebene Exemplare keinen intakten Wald ersetzen, im Gegenteil: Diese Biotopbäume, manchmal auch Überhälter genannt, werden in der prallen Sonne schnell krank und sterben deutlich vor ihrer natürlichen Altersgrenze ab.

Manche Betriebe sind mit der Markierung solcher Vorzeigebäume etwas fantasievoller und malen einen Specht auf die Rinde – dann ist gleich klar, wer hier einziehen soll. Geht von dem wankenden Riesen eine Gefahr für die Waldarbeiter aus, so wird oft noch ein Ausrufezeichen darauf gesprüht, damit sie die Gefahr erkennen und einen gebührenden Abstand halten. Denn wenn in der Nähe ein anderer Baum gefällt wird, so können beim Aufprall auf den Boden durch die Erschütterung tote Bäume mit umfallen – dadurch hat es auch schon tödliche Unfälle von Waldarbeitern gegeben.

Baumfällung – Spuren an Baumstümpfen

Wenn Sie im Wald einen Baumstumpf mit glatter Fläche sehen, dann ist das immer ein Hinweis darauf, dass hier ein Baum gefällt wurde. Hat dieser Stumpf eine Treppe, so war es ein Waldarbeiter, der seine Motorsäge eingesetzt hat. Die untere Treppenstufe, meist weniger als ein Drittel des Stumpfdurchmessers groß, zeigt dabei die Richtung an, in die der Stamm fallen sollte. Es ist der untere Teil des Fallkerbs, der in den stehenden Baum gesägt wurde und Platz gemacht hat, damit sich der Stamm in diese Richtung neigen konnte. Die obere Stufe stammt vom Fällschnitt, um den Baum endgültig abzusägen. Dabei darf dieser Schnitt nie alles absägen und bis zum Fallkerb reichen, sondern es bleibt eine Bruchleiste stehen. Das ist ein schmaler Streifen Holz, der als Scharnier fungiert und verhindert, dass sich der Stamm beim Fallen dreht und dann unkontrolliert in irgendeine Richtung fällt. Weil er nicht durchgeschnitten wird, bricht er ab, wenn der Stamm auf den Boden kracht. Manchmal müssen noch Keile eingesetzt werden, falls der Baum nicht kippen mag. Sie werden mit einem Hammer in den Fällschnitt getrieben und bewirken eine

Klarer Fall: Die Stufe im Baumstumpf weist auf Handarbeit mit einer Motorsäge hin.

Schräglage. Die auftretenden Kräfte sind so groß, dass die Keile deutlich sichtbare Zeichen auf dem Stumpf hinterlassen.

Kaum Spuren gibt es, wenn die Bäume mit einem Harvester gefällt werden. Die Erntemaschinen greifen mit ihren Hydraulikarmen 20 Zentimeter über der Wurzel nach dem Stamm, halten ihn fest und sägen ihn in einem Rutsch mit der eingebauten Säge ab. Danach lassen sie ihn kontrolliert in die gewünschte Richtung fallen, wodurch ein Fallkerb oder gar Keile völlig überflüssig sind. Glatt abgesägte Stümpfe mit einer durchgehenden Fläche sind daher meist auf Harvester zurückzufüh-

Der Harvester kann nur glatte Schnitte machen. Maschinenarbeit macht den Fallkerb überflüssig.

Rechts auf dem Reisig fuhr hier die Maschine und legte links das fertige Holz ab.

ren. Einzige Ausnahme sind dünne Bäume (»Maßkrugstärke«), die von den Waldarbeitern in die richtige Richtung gedrückt werden können, sodass in diesem Fall kein Fallkerb, sondern ebenfalls ein einziger glatter Schnitt gemacht wird.

Ob der Harvester die Durchforstung erledigt hat, können Sie auch an dem Reisig erkennen. Da die Maschine den Baum auf der Rückegasse durch Entastungsmesser zieht, fallen hier auch sämtliche Äste herunter und türmen sich zu einer dicken Matte. Darauf sind die Fahrspuren der Maschine zu erken-

nen, deren Fahrer so vermeidet, dass zu tiefe Gleise im Boden entstehen. Allerdings ist dies nur Kosmetik. Während vorbeikommende Wanderer glauben, dass so das Erdreich geschont wird, gehen die Schäden tatsächlich fast genauso tief wie ohne eine schützende Unterlage.

Zudem tritt durch diese Erntetechnik ein Nährstoffentzug zwischen den Gassen auf, denn in den Ästen und Nadeln sind sehr viele Mineralien enthalten. Diese verrotten nun auf den Rückegassen, und es gibt keinen biologischen Mechanismus, der den daraus entstehen-

Kehraus: Noch der letzte Krümel wird eingesammelt.

den Humus wieder zurück unter die Bäume bringt. In letzter Zeit wird zunehmend auch dieser kümmerliche Rest attraktiv, um den steigenden Holzhunger der Biomasse-Kraftwerke zu stillen. Dann fahren zum Schluss sogenannte Reisigbündler in den Wald, pressen dieses »Waldrestholz« zu Bündeln und lagern es an den Wegen. Dort trocknet es noch ein paar Monate, bevor es zerkleinert, auf einen Lkw geblasen und dann ins Kraftwerk zur Produktion von Ökostrom gefahren wird. Der Waldboden blutet wegen dieses vollständigen Nährstoffentzugs durch die fast komplette Baumnutzung regelrecht aus.

Baumstümpfe können auch noch einen Hinweis darauf geben, wie lange die Fällung schon zurückliegt. Unmittelbar nach dem Absägen tritt im Frühjahr und Sommer bei Nadelbäumen Harz entlang der äußeren Jahresringe aus, die einen klebrigen Tröpfchenfilm bilden. Laubbäume haben kein Harz, aber zumindest Wasser. Dieses kommt jedoch nur im Frühjahr heraus; im Sommer ist das Holz schon wieder so trocken, dass der Fluss versiegt. Und im Winter bleiben alle Baumarten trocken. Wochen später besiedeln Pilze und Bakterien den Stumpf, dessen Schnittfläche dadurch grau wird. Auch die Sägespäne, die nebenan liegen, fangen nun an, sich zu zersetzen.

Im weiteren Verlauf müssen wir auf fremde Hilfe zurückgreifen, und der Hinweisgeber ist Moos. Es siedelt sich auf allem an, was als Unterlage dienen kann. Blanker Boden, vermodernde Stämme und Äste, Steine oder eben Stümpfe. Voraussetzung ist natürlich, dass es überhaupt Moos im betreffenden Wald gibt. Dazu muss vor allem eine Mindesthelligkeit vorhanden sein, wie sie in ganz jungen

Nadelwaldbeständen oft noch fehlt. Wurde aber kräftig oder zum wiederholten Mal durchforstet, dann kann das Moos durchstarten. Das grüne Polster wächst sehr rasch, und bereits während des ersten Jahres greifen zarte Ausläufer von den Wurzeln auf das flache Plateau des Sägeschnitts über. Meist ist dann nach zwei Jahren der ganze Stumpf überzogen. Ein moosfreier Stumpf muss also relativ frisch sein. Es sei denn, ein Wildschwein schaut regelmäßig vorbei und scheuert sich daran. Dann wird nicht nur das Moos abgewetzt, sondern auch die Kanten werden geglättet und fast poliert.

Damit kleine Fichten darauf wachsen können, muss der Stumpf schon ein paar Jahre alt sein.

Dieser Stumpf wird von Wildschweinen schon lange abgescheuert und poliert.

Baumschäden durch Fällung und Maschinen

Waldarbeit gibt es heutzutage kaum noch ohne Maschinen. Und diese sind vor allem eins: unsensibler als eine menschliche Arbeitskraft. Der Fahrer sitzt in seiner klimatisierten Kabine und steuert über Joysticks den schweren Greifarm. Alles kann er von dort oben nicht sehen, zudem sind die tonnenschweren Ungetüme nicht besonders grazil und beweglich. Dadurch schrammen sie immer wieder an stehenden Bäumen entlang, überfahren deren Nachwuchs oder zerquetschen die Wurzeln unter den grobstolligen Reifen.

Harvesterschäden sind in einigen Meter Höhe an den Bäumen zu finden …

Schauen wir zunächst auf Spuren dort, wo man sie nicht vermutet. Manchmal ist es eine schokoladentafelgroße Wunde, die in drei oder vier Meter Höhe am Baum zu sehen ist. Hirsche, die für solche Beschädigungen infrage kämen, reichen nicht so hoch hinauf. So etwas stammt von der Aufarbeitung der Stämme durch Harvester. Wenn sie den Baum packen und durch ihre Entastungsmesser ziehen, dann »bollern« sie manchmal gegen andere Bäume. Dieses Durchziehen geht in Sekundenschnelle, und wenn der Fahrer nicht aufpasst, dann schlägt das Stammende in besagter Höhe gegen andere Exemplare. Sind die Rückegassen quer geneigt, dann neigt sich beim Darüberfahren auch der Harvester – und schlägt dann mit der Kabine so heftig gegen Fichten oder Kiefern, dass diesen Bäumen meterlange Wunden zugefügt werden. Beim genauen Hinsehen können Sie auf dem so freigelegten Holz feine Schleifspuren erkennen.

Aber auch beim herkömmlichen Fällen mit der Motorsäge können Beschädigungen entstehen. Häufig geschieht dies beim Absägen alter Laubbäume. Wenn sie fallen, dann

… dieser ist schon ein paar Jahre alt.

Hier streifte vor einigen Jahren ein fallender Baum den Stamm. Die Wunden bleiben.

Solche Splitterbrüche an einer Stammwunde gehen auf ein vorbeischleifendes Stahlseil zurück.

brechen viele Kronenäste ab und hinterlassen Stummel. Wenn diese scharfkantigen Überreste die Nachbarbäume streifen, dann entstehen strichförmige Wunden, die bis aufs Holz gehen. Besonders groß werden die Schäden, wenn die Durchforstung im Sommer stattfindet. Dann stehen die Bäume im vollen Saft, und die Rinde löst sich sehr leicht vom Holz.

Werden die Stämme mit einer Seilwinde hinausgezogen, dann bahnt sich das nächste Unheil an. Wenn der Traktor mit der Winde ungünstig steht, so schleift das Drahtseil an den Stammfüßen entlang und verursacht hässliche Striemen, die sich tief einschneiden. Meist erkennen Sie neben der schnurgeraden Verletzung am Stamm auch kleine Faserbrüche, die durch den rauen Draht verursacht wurden. Damit ist der Traktor mit Winde als Verursacher entlarvt. Manchmal bekommt man das Holz tatsächlich nicht mit Pferden an den nächsten Waldweg, weil das Gelände zu steil für die Tiere ist. Doch wenn ein Traktor aushelfen muss, kann dies auch schonend geschehen. Immer dann, wenn die Gefahr der Verletzung eines Baums besteht, sollte an diesen ein massives Metallkreuz wie ein stehendes X gelehnt werden. Über diesen Stahlbuchstaben läuft das Seil, sodass jegliche Beschädigung vermieden wird. Das kostet allerdings ein wenig mehr Zeit und damit auch Geld …

In den Rückegassen, den Fahrschneisen für Harvester und Co., entstehen nicht nur Fahrspuren und Verdichtungsschäden (siehe Seite 33). Durch das Maschinengewicht werden die Wurzeln der an der Gasse stehenden Bäume auch direkt geschädigt. Dicke, kräftige Ausläufer in Stammnähe werden überfahren, wodurch sich die Rinde abschält. Das verursacht großflächige Wunden. Mindestens ebenso schmerzhaft und gefährlich für den Baum ist der Bruch dünnerer Wurzeln, die unter der Last nachgeben. An diesen Bruchstellen dringen Fäulniserreger bis mehrere Meter den Stamm hinauf und entwerten das Holz. Im Verlaufe der nächsten Jahre werden manche Bäume so instabil, dass sie abbrechen. Bei einem Gassenabstand von 20 Meter und einer Breite von vier Meter verbleiben nur 16 Meter breite Waldstreifen, deren links und rechts stehende Bäume im Verlaufe ihres Lebens samt und sonders solche Wurzelschäden erleiden. Das

Wird ein Baum beim Befahren der Rückegasse so geschädigt, dringen Fäulniserreger ein.

bedeutet neben den ökologischen auch enorme ökonomische Schäden. So »produzieren« Forstbetriebe im zweistelligen Prozentbereich Faulholzmengen, deren Erlöse um mehr als 50 Prozent reduziert sind. Unter dem Strich lohnt sich allein aus dieser Perspektive der nur geringfügig teurere Einsatz von Rückepferden (siehe dazu auch Seite 37).

Viel Sonne, wenig Bäume – der Kahlschlag

Eine Freifläche, übersät mit Baumstümpfen: Hier ist der Wald beseitigt worden. Offiziell jedoch nicht, denn solche Kahlschläge zählen immer noch zur Waldfläche, weil sie innerhalb von fünf Jahren wieder aufgeforstet werden müssen. War der Sturm der Übeltäter, so ist das ökologisch gesehen einfach Pech. Rund 50 Prozent aller Fichten fallen solchen Wetterereignissen zum Opfer, weshalb Freiflächen in Nadelwäldern fast schon der Normalfall sind. Ehemalige Windwurfflächen erkennen Sie an den schräg gekippten Wurzeltellern der Bäume. Viele Kahlschläge werden jedoch planmäßig durchgeführt, weil man das Holz nun für

Jede zweite Fichte fällt bei Sturm um. Aber das ist nicht der einzige Grund, warum in Nadelwäldern große Freiflächen entstehen.

nutzungsreif hält. Wenn man alles auf einmal erntet, dann wird es deutlich billiger, weil pro Hektar sehr viel Masse auf einmal anfällt. Zudem muss auf Schäden an stehenden Bäumen keine Rücksicht mehr genommen werden, und die entwaldete Fläche kann ohne Hindernisse wieder aufgeforstet werden.

Der Kahlschlag führt nebenbei dazu, dass sich der Boden im Sommer stark erwärmt. Pilze und Bakterien laufen im Untergrund zur Höchstform auf und verdauen sämtliche organischen Substanzen. Dadurch wird der Humus umgesetzt und abgebaut, was die Wuchskraft der Böden sehr schwächt. Zudem gasen pro Quadratkilometer rund 20 000 Tonnen Kohlendioxid aus – Holz aus solcher Wirtschaftsweise ist demnach ein echter Klimakiller.

Weil anschließend kein Baum mehr steht, muss nun aufgeforstet werden. Da die neuen Bäumchen schutzlos in der prallen Sonne stehen, eignen sich nur Arten, die eine Abschirmung durch ihre Mütter weniger brauchen. Streng genommen sind das nur Pionierarten wie Birken, Weiden oder Pappeln, die forstwirtschaftlich jedoch als unattraktiv gelten. Fichten, Kiefern,

Solche Kahlschläge gelten
offiziell immer noch als Wald.

Die Altbäume am Rand eines Kahlschlags bekommen Sonnenbrand, weil ihre Rinden die UV-Strahlung nicht vertragen.

Douglasien und auch Eichen lieben zwar den Schatten ihrer Eltern, wachsen unter Freilandbedingungen aber wenigstens einigermaßen gut. Weißtannen und Buchen dagegen quälen sich im Sonnenlicht und leiden massiv unter Sonnenbrand. Zusammen mit dem Humusverlust und der Bodentrockenheit wird aus einer solchen Kultur nie ein richtiger Wald. Wer ökologisch wirtschaften will, muss daher zwingend auf den Kahlschlag verzichten.

Schonender ist die Zielstärkennutzung, bei der man nur Bäume ab einem bestimmten Durchmesser (meist oberhalb 60 Zentimeter, in Brusthöhe gemessen) fällt. Die dünneren Exemplare dürfen weiterwachsen und somit auch wertvoller werden.

Noch besser ist die Ernte zum Zeitpunkt des maximalen Wertzuwachses, also dann, wenn der Baum kurz davor steht, zu faulen. So können alle Baumarten optimal ausreifen und sehr dick werden. Allerdings gehören dazu eine gehörige Portion Geduld und die Bereitschaft, die Nutzung auf eine kommende Generation zu verschieben.

Schutzgebiet Bestattungswald

Die Bestattungskultur hat sich in den letzten Jahrzehnten gewandelt. Der Trend geht weg von der herkömmlichen Erdbestattung hin zu Urnengräbern. Diese sind kleiner, verbrauchen damit weniger Fläche und können demzufolge preiswerter sein. Zudem entfällt häufig eine aufwendige Grabpflege für die Angehörigen. Nicht jeder kann sich aber mit dieser Form der Bestattung anfreunden und eine Urnenwand, wie sie auf vielen Friedhöfen noch üblich ist, stößt oft auf Ablehnung. Für Naturliebhaber gibt

es seit rund 15 Jahren die Möglichkeit, sich im Wald beisetzen zu lassen. Dabei fungieren die Bäume als lebende Grabsteine, in deren Umfeld zehn bis zwölf Urnen beigesetzt werden dürfen. Diese Urnen sind entweder aus Biokunststoffen oder aber aus unbehandeltem Holz. Gekennzeichnet werden die Bäume mit kleinen Nummernplättchen sowie einer gemeinsamen Namenstafel aus Metall, die mit einem Nagel, besser einer kleinen Schraube, am Stamm befestigt werden. Letztere kann

Nur kleine Schilder weisen im Ruheforst auf die Gräber hin.

man regelmäßig nach außen drehen, damit sie nicht einwächst, wenn der Baum dicker wird.

Die Bäume werden wie Grenzsteine eingemessen und erhalten jeweils einen genauen Lageplan für die Gräber, sodass diese auch noch nach Jahrzehnten zweifelsfrei lokalisiert werden können. Immerhin werden die Rechte meist auf 99 Jahre verpachtet, sodass sich mehrere Generationen einer Familie am selben Baum beisetzen lassen können. Wem die Pacht eines ganzen Baums mit zehn Gräbern zu viel ist, der kann auch einzelne Grabstätten erwerben. An dafür vorgesehenen Bäumen finden sich dann Personen verschiedenster Herkunft, was sich an den unterschiedlichen Namen auf dem gemeinsamen Schild widerspiegelt.

Vor der Beisetzung wird das entsprechende Grab 80 Zentimeter tief

Für die Urne muss am Fuß des Baumes nur ein kleines Grab ausgehoben werden.

ausgehoben und abgedeckt, sodass niemand versehentlich hineintritt. Eine solche Abdeckung besteht meist aus einer Baumscheibe, die bei Nichtgebrauch in der Nähe abgestellt wird.

Die Beisetzung wird nach Wunsch der Angehörigen durchgeführt und kann von der klassischen Version mit Pfarrer und Musik bis zu ausgefallenen Zeremonien reichen. Ich habe es schon erlebt, dass auf Wunsch des Verstorbenen noch einmal ein Fässchen Bier angeschlagen wurde und die Gesellschaft auf ihn anstieß. Hinterher hat der Wald dann wieder seine Ruhe: Das Grab wird in den Ursprungszustand gebracht, der Boden so geordnet, dass er sich nicht mehr von der Umgebung unterscheidet. Die Grabpflege übernimmt die Natur, und so wird auch niemand animiert, hinterher eine heimliche Bepflanzung oder Gestaltung vorzunehmen. Bestattungswälder sind nämlich auch gesetzlich immer noch vollwertige Wälder, die nicht einfach so verändert werden dürfen. Ganz im Gegenteil: Für die geringe Störung, die die Besucher und die Beisetzungen verursachen, dürfen die Bäume im Gegenzug in den nächsten 99 Jahren nicht gefällt werden.

So entstehen nach und nach Schutzgebiete. Theoretisch. Denn

Ein intakter Waldbestand ohne Spuren von Holznutzungen strahlt wirklich große Ruhe aus.

Handarbeit durch Baumsteiger ist die schonendste Variante, im Schutzgebiet morsche Äste zu sichern.

nicht jeder Betreiber eines solchen Friedhofs ist auf eine Win-win-Situation für Mensch und Natur aus. Warum soll man nicht die wertvollsten Bäume in das nächste Sägewerk verkaufen und nur die holztechnisch minderwertigen als Grabsteine verpachten? Das wäre doch doppelt so rentabel! Doch was macht die Forstverwaltung dann mit den Baumkronen, die anschließend übrig bleiben, deutlich sichtbar sind und zudem den Zugang zu manchem Baum versperren? Es wird ein Mobilhacker bestellt, eine schwere Maschine, die Holz und Reisig zu Hackschnitzeln zerkleinert. Mit dem Auswurfmaterial werden dann kleine Pfade bestreut, sodass es nach dem Holzeinschlag aussieht, als habe man einen idyllischen Park angelegt. Leider ist der Waldboden dann hinterher erheblich geschädigt, weil er ähnlich dem Harvestereinsatz völlig zusammengedrückt wird. Durch die Lücken im Kronendach fällt so viel Licht, dass nun Brombeeren und Brennnesseln das Areal überwuchern. Oder die leidige Verkehrssicherungspflicht: Sie lässt sich billig abarbeiten, indem man morsche Bäume einfach fällt und an den nächsten Ofenbesitzer abgibt. Die teure Variante, bei der man die abgestorbene Krone kappt und damit den Stamm im Wald für Spechte und

Pilze stehen lässt, sparen sich viele Bestattungswälder – das würde pro Exemplar bis zu 500 Euro kosten. Tote Äste, die lose in den Kronen hängen, müssen ebenfalls entschärft, sprich herabgeholt werden. Schonend geht so etwas mit Baumsteigern, die an Seilen hinaufklettern und die Äste herausheben und fallen lassen (siehe Foto auf Seite 88).

Die Billigvariante sind Hubsteiger, fahrbare Hebebühnen, die man preiswert mieten kann, um damit viel mehr Bäume pro Tag abzuarbeiten. Dazu fahren sie an jeden Stamm heran, und im Anschluss ist der gesamte Boden kreuz und quer platt gefahren. Wird ein Bestattungswald so betrieben, dann ist die Natur auf der Verliererseite. Zum Glück gibt es einige Eigentümer (so etwa die Gemeinde Hümmel in der Eifel, meine Arbeitgeberin), denen der Schutz der alten Wälder am Herzen liegt. Falls Sie sich für eine solche Beisetzungsart interessieren, dann halten Sie einfach die Augen auf: Frische Stümpfe, Fahrspuren von Maschinen, Hackschnitzelpfade, viele Brombeeren und Brennnesseln lassen auf Baumfällungen schließen. Ist der Boden dagegen überwiegend laubbedeckt oder höchstens von Jungbäumen bestanden, dann geht es dem Wald gut.

Holz am Wegesrand

Weil fast alle Wälder Mitteleuropas (einschließlich der meisten Nationalparks!) bewirtschaftet werden, finden Sie entlang der Waldwege häufig aufgearbeitete Stämme. Sie liegen dort für die Abfuhr per Lkw bereit. Diese Holzstapel sind nicht nur beliebte Rastpunkte für Wanderer, sondern erlauben Ihnen auch Rückschlüsse auf die geplante Verwendung – und in manchen Fällen sogar auf einen erfolgten Insektizideinsatz. Die Baumstämme werden am Waldweg nach Sortimenten getrennt, da jedes einen anderen Käufer findet. Die Kunden schicken nach Bezahlung des Kaufpreises ihre Lkws und lassen den Rohstoff in die Betriebe liefern. Daher müssen die Waldwege so stark befestigt sein, dass auch bei längeren Regenfällen eine Abfuhr problemlos möglich ist.

Holz für Möbel, Papier oder Ofen?

Aus dem Holz, welches am Wegesrand aufgestapelt liegt, können Sie häufig den Verwendungszweck ablesen. Der Fachausdruck für das Aufstapeln heißt »Poltern«, und ein Stapel wird deshalb Holzpolter genannt. Jedes Polter ist aus dem Holz einer einzigen Verwendungssorte zusammengesetzt.

Wichtigstes Merkmal ist zunächst die Länge der Stämme. Das kürzeste Sortiment ist gestapeltes Brennholz. Es ist ein Meter lang, und oft wurden diese Stammstücke oder »Rollen« noch gespalten, damit sie besser durchtrocknen. Brennholz wird nach Raummetern (rm) verkauft: Ein Raummeter entspricht einem Kubikmeter Holz inklusive der durch das Stapeln entstandenen Lücken, also einschließlich Luft. Nun ist Luft natürlich auch beim Holzkauf nichts wert, aber solche Stapel kann man nun mal am besten aufmessen,

Beim Brennholzstapel wird die Luft für den Verkauf mitgemessen (»Raummeter«).

indem man einfach die Außenmaße ermittelt. Die rund 30 Prozent Luft, die zwangsweise miterworben werden, sind im Preis entsprechend berücksichtigt. Brennholz wird meist noch von Hand aufgesetzt.

Das nächstlängere Holz lässt man zwei Meter lang und stapelt es mit Maschinen. Das geht schneller und benötigt weniger Platz, da die Polter sehr viel höher angelegt werden können. Der Durchmesser der Holzrollen ist gering, meist zwischen acht und 30 Zentimeter. Verkauft wird es ebenfalls in der Einheit Raummeter,

Hauptabnehmer ist die Papierindustrie. Sie ist auf frische Stämme angewiesen, denen Pilze noch nicht zugesetzt haben. Dann lässt sich das Holz in riesigen Papiermühlen zu Fasern zermahlen, die chemisch aufbereitet und anschließend zu großen Papierrollen verarbeitet werden. Diese werden an Druckereien verkauft und zur Produktion von Tageszeitungen verwendet. Dazu darf das Holz nur wenige Wochen im Wald liegen, denn sonst werden die Fasern mürbe, und die rasend schnell durch die Druckmaschinen laufende Papier-

Frisch gefällt: Ein Papierholzstapel, der hier gerade vermessen wird.

bahn reißt, wenn sie solch minderwertige Ware enthält.

Gleiche Länge (zwei Meter), gleicher Durchmesser, doch ganz anderer Verwendungszweck: Weisen die Hölzer im Polter Faulflecken, dicke Aststummel oder Krümmungen auf, so handelt es sich um sogenanntes K-Holz (krankes Holz). Es dient für minderwertige Verwendungszwecke wie Span- oder Faserplatten, wie sie in der Billigmöbelproduktion Verwendung finden.

Krankes Holz (K-Holz) ist nur für minderwertige Produkte wie Spanplatten zu gebrauchen.

Sägeholz wird mit farbigen Punkten markiert und Stamm für Stamm gezählt.

Bei den nächsten Längen wird es teurer. Stämme zwischen 2,60 und 5,10 Meter Länge und einem Durchmesser zwischen zehn und 60 Zentimeter sind für Sägewerke bestimmt. Sie sind gerade, ohne Faulflecken und dicke Aststummel. Aus solcher Ware wird Bauholz gesägt, also Balken, Latten und Bretter. Weil hier der Preis eine viel größere Rolle spielt, wird nun genauer hingeschaut und jeder Stamm einzeln ermittelt und gezählt. Zur Kennzeichnung der registrierten Hölzer erhält jede Rolle einen Punkt mit Sprühfarbe auf die Stirnseite.

Alle Längen bis 5,10 Meter bezeichnet man als Kurzholz, und dieses wird grundsätzlich mit einem Forwarder an den Weg transportiert. Der Greifarm des Fahrzeugs kann mehrere Rollen gleichzeitig packen und auf die Ladefläche legen, die an die Fahrerkabine angebaut ist. So lässt sich viel Holz in kurzer Zeit zwischen den Bäumen herausholen.

Langholz ist die Bezeichnung für ganze Baumstämme. Sie sind bis zu 20 Meter lang, und obwohl Bäume deutlich größer werden können, wird der Rest ab dieser Länge abgesägt. Der Grund sind die Lkws, besser die Straßenverkehrsordnung, die Maximallängen für Fahrzeug plus Ladung vorschreibt. Langholz wird meist nicht mit Harvestern, sondern von Waldarbeitern gefällt und entastet. Seilschlepper ziehen es an den Weg, wobei der lange Stamm beim Einschwenken um Kurven oft Schäden an stehenden Bäumen verursacht.

Dünnes Langholz ist entweder Industrieholz (Spanplatte und Ähnliches), in zunehmendem Maße jedoch Brennholz. Es darf fehlerhaft sein, also krumm, astig und mit einigen Faulstellen.

Dickes Langholz wird grundsätzlich an die Sägeindustrie geliefert. Sie kann dann im Sägewerk entscheiden, ob daraus lange Balken oder kurze

Maximal 20 Meter lang dürfen die Stämme sein, damit sie abtransportiert werden können.

Bretter werden sollen. Weil man so flexibler ist als bei Kurzholz, bezahlen die Käufer solche Stämme besser.

Dicke, makellose Stämme können zu Furnieren verarbeitet werden. Das sind millimeterdünne Holzplatten, die in speziellen Maschinen mit Messern geschnitten oder wie ein Bleistift im Spitzer abgeschält werden. Weil diese Hölzer so teuer sind, werden mit den edlen Furnieren billigere Span- oder Sperrholzplatten beklebt, sodass sie hochwertiger aussehen und eine Echtholzoberfläche besitzen.

Furnierholz muss gerade, absolut astfrei auch im Inneren, ohne Faulstellen und Verwachsungen sein (siehe auch Seite 66). Da dies nie auf einen ganzen Stamm zutrifft, wird oft nur das untere, besonders dicke Teilstück dafür verwendet. Da letztendlich nur der Käufer beurteilen kann, ob die Ware für seine Zwecke taugt, werden die Stammteile auf Wertholzlagerplätze transportiert und dort mit dem Holz vieler anderer Forstbetriebe gemeinsam versteigert.

Markierungen am abfuhrfertigen Holz

Holz am Weg wird mit einem bunten Sammelsurium an Markierungen versehen. Und da es jeder Betrieb anders macht und so einheitliche Zeichen fehlen, ist es eine Wissenschaft für sich, dort etwas herauszulesen. Einige Gemeinsamkeiten gibt es aber doch, sodass wir einen Versuch starten können, ein paar Geheimnisse zu entschlüsseln.

Schauen wir uns zunächst die Markierungen mit Sprühfarbe an. Der Forstbetrieb schreibt oft die Waldabteilung (abgekürzt Abt.) darauf, aus der die Stämme stammen. Manchmal kommt noch die Stückzahl hinzu, je nach Zertifizierung auch die entsprechende Abkürzung (z. B. *FSC* für *Forest Stewardship Council)* und eine Nummer für den Holzstapel. Hat der Käufer das Holz vom Forstbetrieb erworben, dann sprüht er noch sein Namenskürzel hinzu. Ein Datum kann auf eine Spritzung mit Insektiziden hinweisen (siehe Seite 103).

Stückzahl, Länge oder Name des Käufers werden auf den Holzstämmen vermerkt.

Solche Plastiknummern machen die Stämme bis ins Werk individuell identifizierbar.

Auf der Stirnseite der Stämme, also der Sägefläche am unteren Ende, werden vielfach jeweils Länge und Durchmesser mit Wachskreide angeschrieben. So kann der Käufer vorab kontrollieren, ob die Waldarbeiter das richtige Maß genommen haben. Mittlerweile werden die Stämme jedoch ohnehin noch einmal im Werk per Computer vermessen, sodass diese Praxis allmählich überflüssig wird und daher im Schwinden begriffen ist.

Kunststoffplättchen lassen eine einwandfreie Identifizierung zu. Darauf sind die individuelle Stammnummer sowie die Nummer des Forstbetriebs aufgedruckt.

Wann wurde der Baum gefällt?

Wenn Sie am Wegesrand aufgestapelte Hölzer sehen, dann können Sie oft auch die ungefähre Lagerzeit an den Schnittflächen ablesen. Ist diese rein und hell, dann liegt der Fällungszeitpunkt im Sommer weniger als zwei Wochen und im Winter weniger als sechs Wochen zurück. Denn innerhalb dieser Zeit beginnen Pilze, das gefundene Fressen zu besiedeln. Tote Bäume können sich nicht mehr wehren und fangen langsam an, auszutrocknen. In schon etwas heruntergetrocknetem Holz breiten sie sich gut aus, und je wärmer es ist, desto schneller ist dieser Zustand erreicht. Die meisten Pilze zeigen ihre Anwesenheit durch ein blaugraues, strahlenförmiges Muster auf der Schnittstelle an (Blaufäule), manche Arten, vor allem an Fichte, sind orangebraun (Rotfäule). Wie auch immer, der Wert des Holzes lässt nun rapide nach, denn mit der Pilzbesiedlung wandern diese Farbverläufe stetig weiter ins Holz hinein.

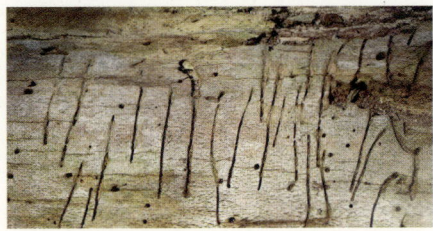

Liegen gebliebene Stämme sind ein »gefundenes Fressen«.

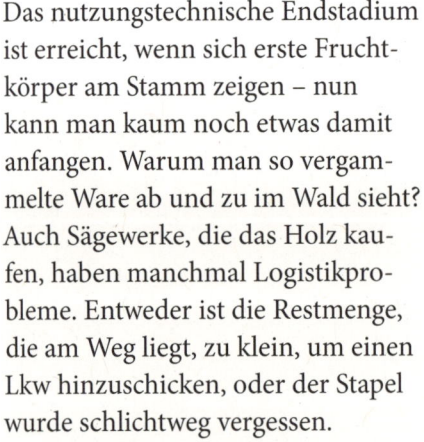

Diese Baumstämme liegen schon ein bisschen länger. Im feuchten äußeren Splintholz siedeln sich beim Nadelholz Blaufäulepilze an.

Bei Befall durch den Nutzholzbohrer ist schnell der ganze Stamm mit hellen Bohrmehlhäufchen überzogen.

Das nutzungstechnische Endstadium ist erreicht, wenn sich erste Fruchtkörper am Stamm zeigen – nun kann man kaum noch etwas damit anfangen. Warum man so vergammelte Ware ab und zu im Wald sieht? Auch Sägewerke, die das Holz kaufen, haben manchmal Logistikprobleme. Entweder ist die Restmenge, die am Weg liegt, zu klein, um einen Lkw hinzuschicken, oder der Stapel wurde schlichtweg vergessen.

Oft noch vor den Pilzen tauchen im Sommerhalbjahr Käfer auf. Der Nutzholzbohrer *(Lineatus)* züchtet in fünf Zentimeter tiefen Gängen

Pilze, von denen sich seine Larven ernähren. Er benötigt frische, gerade eben abgestorbene Stämme – gefällte Bäume am Wegesrand erfüllen diese Bedingung perfekt. Von Borkenkäfern, die in der Rinde leben, können Sie ihn an den Bohrmehlhäufchen auf dem Stamm unterscheiden: Beim Nutzholzbohrer sind sie holzhell anstatt rindenbraun.

Liegt der Stamm schon monatelang im Wald, dann finden sich oft ovale Ausbohrlöcher von Bockkäfern. Wenig später tauchen kreisrunde, im Durchmesser mehrere Millimeter große Löcher von Holzwespen auf. Für Sägewerke sind derartige Stämme nicht mehr geeignet, und das deutlich preisreduzierte Holz endet entweder als Spanplatte oder als Brennholz.

Reisigbündel zum Verheizen im Kraftwerk

Die dünnen Äste und Zweige, die am Wegesrand zum Abtransport bereitliegen, fehlen dem Wald zukünftig zur Humusbildung.

Stapel von Reisig am Wegesrand künden davon, dass der jeweilige Waldbesitzer auf Nachhaltigkeit pfeift. Bis Anfang dieses Jahrtausends galt die alte Regel, dass kein Holz aus dem Wald geholt wird, welches weniger als acht Zentimeter im Durchmesser misst. Wenigstens diese kümmerlichen Reste sollten der Humusbildung dienen und auch Nahrungsbasis für Pilze und Insekten sein. Zudem ist der relative Rinden- anteil bei dünnen Ästen und Zweigen besonders hoch und damit auch der Gehalt an Mineralien und Nährstoffen. Doch der Hunger an Nachschub für Biomassekraftwerke ist so groß geworden, dass sich ein lukrativer Markt für die wenigen verbliebenen Holzreste gebildet hat. Während in amtlichen Forstbroschüren die Wichtigkeit von Totholz betont wird, beginnt der letzte große Kehraus im Wald.

Wo die Fichten kränkeln,
schlägt der Borkenkäfer zu.

Zeichen abseits der Bäume und Wege

Pflanzen, pflegen, ernten – das ist noch nicht alles, was zu bewirtschafteten Wäldern gehört. Da werden Wege gebaut, Flächen gekalkt, Sperrschilder aufgestellt oder Insektizide versprüht. Selbst Nistkästen entlang der Wege oder Untersuchungen zum Waldsterben dienen indirekt den Forstbetrieben. Und seit einigen Jahren vermarkten manche Waldbesitzer ihre Parzellen gewinnbringend, ohne einen einzigen Stamm zu fällen, wie wir auf den folgenden Seiten noch sehen werden.

Unsichtbare Insektizide und Käferfallen

Abblätternde Rinde und Baumkronen, die sich im Sommer rötlich verfärben, sind Hinweise auf einen aktiven Befall mit Borkenkäfern. Sie sind ein typisches Problem einer naturfernen Plantagenwirtschaft. Diese Käfer gibt es von Natur aus in jedem Wald und an jeder Baumart. Alle Arten haben sich auf bestimmte Lebens- oder Verrottungsabschnitte eines Stamms spezialisiert. Gefürchtet sind vor allem jene Borkenkäfer, die sich an lebenden Bäumen zu schaffen machen. Denn wenn sie sich im Sommer massenhaft vermehren, dann können sie zum Zusammenbruch ganzer Forste führen, sofern man nichts unternimmt. Doch bevor es so weit kommt, muss ein Faktor gegeben sein: Die Bäume sind schwer krank oder kurz vor dem Verdursten. Gesunde Exemplare wehren einen Insektenangriff mühelos ab. Speziell bei Fichten können Sie das sogar manchmal sehen. Ist die Rinde von frisch glitzernden Harztröpfchen übersät, dann ist das eine Gegenmaßnahme gegen Eindringlinge. Sobald sich etwa ein Buchdrucker, ein Fichtenborkenkäfer, in die Rinde bohrt, drückt eine gesunde Fichte einen Harztropfen heraus, der

Insektizide sollen verhindern, dass sich der Nutzholzbohrer im frisch gefällten Holz einnistet und – wie auf diesem Stamm anhand der hellen Bohrmehlhäufchen zu erkennen – seine Gänge bohrt.

Hier konnte sich eine Fichte mit Harztropfen gegen die Borkenkäfer wehren.

das Tier festhält und ertränkt. Fehlt dem Baum dagegen die »Spucke«, weil er nicht genug Wasser bekommt, dann kann sich der Käfer tief unter die Rinde bohren. Zeitgleich stößt er Lockstoffe aus, die den Artgenossen ein gefundenes Opfer signalisieren. Innerhalb von Stunden wird der ganze Stamm befallen – das Todesurteil für den Baum.

Verdursten können Fichten normalerweise nur, wenn sie außerhalb ihres natürlichen Verbreitungsgebiets angebaut werden. Den kühlen Nordländern ist es in den meisten Lagen Mitteleuropas zu warm und zu tro-

cken, und daher sind Borkenkäferprobleme schon zur Selbstverständlichkeit der Forstwirtschaft geworden. Anstatt das Problem zu lösen, indem auf Fichten und die ähnlich problematischen Kiefern verzichtet wird, doktert man an den Symptomen herum. Eines dieser Heilmittel ist die Käferfalle. Sie besteht aus einem schwarzen, flachen Plastikkasten von etwa 50 × 50 Zentimeter Größe, der Schlitze aufweist. Im Inneren wird ein Beutel mit einem artspezifischen Lockstoff aufgehängt, sodass Buchdrucker oder Kupferstecher hineinfliegen. Sie fallen hindurch in einen

Fangbehälter, aus dem es kein Entrinnen gibt. Die Fallen können der Käferflut einer Fichtenplantage nicht Herr werden, deshalb eignen sie sich eher als Warnmöglichkeit. Übersteigen die täglichen Fangzahlen kritische Werte, dann setzen viele Forstverwaltungen härtere Mittel ein. So werden frisch gefällte Fichten (die sich auch nicht mehr gegen Käfer wehren können und somit attraktiv sind) zu »Fanghaufen« zusammengestellt und mit Insektiziden besprüht. Setzt sich nun ein Insekt auf eine solche potentielle Brutstätte, dann fällt es wenig später tot herunter. Dieselben Mittel werden in den Sommermonaten auch auf frisch am Weg gelagerte Stämme gespritzt. Hier ist es der Nutzholzbohrer, der getötet werden soll. Er bohrt sich in die feuchten, äußeren Jahresringe und züchtet dort Pilze für seine Larven. Doch so weit kommt es gar nicht erst, weil er bei Insektizidkontakt sofort sein Leben aushaucht. Nebenbei wird natürlich auch jeder Schmetterling zum Opfer, der sich auf solchem Holz ausruht. Und da beim Versprühen ein giftiger Nebel in die Umgebung abdriftet, sollten Sie in der Nähe keine Beeren mehr suchen und auch nicht auf solchen Nadelholzstapeln rasten. Das Gift kann durch Ihre Haut eindringen und die Nerven schädigen.

Kein Abfall, sondern ein Stapel alter Köderboxen auf einem vor 20 Jahren aufgeforsteten Kahlschlag (mehr dazu auf Seite 104).

Ob Holzstapel am Wegesrand gespritzt wurden, können Sie nicht immer sicher erkennen. Manchmal ist ein Datum (ohne weitere Hinweise) mit Sprühfarbe aufgetragen, oft leider gar nichts zu bemerken. Und da die Gifte mindestens drei Monate lang wetterunabhängig ihre volle Wirksamkeit behalten, würde ich an Ihrer Stelle lieber eine Wald-

Bei diesen Bäumchen fehlen die Wurzeln komplett. Den Mäusen haben sie gut geschmeckt.

tigen Körner auch für andere Tiere gefährlich sind, werden sie meist in den zuvor beschriebenen Köderstationen ausgebracht. Doch bei einer Massenvermehrung hilft auch das nichts mehr, und dann kommt die offene Ausbringung zum Zuge. Dabei werden je Hektar 2000 weißtransparente Tütchen mit Ködern ausgestreut. In Tütchen deswegen, damit keine anderen Tiere wie etwa Vögel das vermeintliche Futter aufnehmen und daran verenden. Ich selbst habe während meines ersten Praktikums vor dem Studium solche Ködertütchen über eine Kahlschlagsfläche verstreuen müssen. Schon im Eimer verklebten die Zellophantütchen, sodass sie beim Herausnehmen teilweise aufrissen. Damals habe ich mir nichts dabei gedacht, doch heute weiß ich, dass das möglicherweise etliche Tiere leider das Leben gekostet hat.

bank zum Rasten nehmen. Stämme von Laubbäumen werden übrigens nicht mit Insektiziden behandelt, da sie eher im Winterhalbjahr gefällt werden, wenn die Käfer schlafen.

Auf manch frisch aufgeforsteter Fläche können Sie schwarzgraue Boxen oder Röhren finden, die zunächst an weggeworfenen Müll denken lassen. Doch sie wurden gezielt platziert, um Feld-, Erd- oder Rötelmäuse zu bekämpfen. Im Inneren befinden sich Köder, die mit Gerinnungshemmern, etwa Zinkphosphid, versetzt wurden. Frisst eine Maus das Futter, dann verblutet sie später innerlich. Da die gif-

Und wozu der ganze Aufwand? Mäuse fressen im Winter, wenn die Vegetation verwelkt ist, mit Vorliebe die saftigen Wurzelhälse kleiner Bäume. In diesem Übergangsbereich zwischen Stämmchen und Wurzeln sind besonders viele Nährstoffe gespeichert. Manchmal nagen die kleinen Säuger wie ein Biber das komplette Holz durch, und dann stirbt der Setzling. Ist eine Mäusebe-

Junge Bäumchen kämpfen im Gras ums Überleben. Hier fühlen sich Mäuse wohl.

kämpfung demnach vertretbar, um den jungen Wald zu retten? Nein, denn dieses Problem verschulden die Forstbetriebe selbst. Von Natur aus ist es in einem Wald am Boden schattig, kaum ein Kraut kann dort wachsen. Mäuse haben hier wenig zu fressen und treten deshalb sehr selten auf. Wird das Kronendach jedoch im Rahmen von Durchforstungen aufgelichtet, werden gar Nadelhölzer angebaut, die leicht in Stürmen umfallen, dann ändert sich die Situation. Am Boden wird es warm und hell, und die Krautflora explodiert förmlich. Dadurch wird ein ideales Mäusebiotop geschaffen, und dementsprechend vermehren sich die Tiere auch. Wer wenige Mäuse im Wald haben möchte, muss schonender mit ihm umgehen und den Boden dunkel lassen. Der entsprechende Merksatz der Forstwirtschaft lautet: »Licht – Gras – Maus – aus«.

Kalk am Boden und aus der Luft

Im Herbst und Winter knattern über vielen Waldgebieten die Hubschrauber. Unter ihnen hängt ein Eimer, der sich über den Wipfeln entleert und eine staubige Fracht freigibt. Es handelt sich dabei um Kalk. Dünger für den Wald? Das ist gesetzlich verboten, um das Ökosystem nicht zum Holzacker verkommen zu lassen, und dennoch wird daran festgehalten, weil Kalk nicht zur Wachstumssteigerung, sondern als Medikament verwendet wird. Hintergrund ist die Versauerung der Böden, die durch Einträge von Abgasen lange Zeit teilweise besorgniserregend stark war. Sinkt der pH-Wert besonders tief ab, dann zersetzen sich Tonminerale und andere Strukturen unwiederbringlich. Diese Tonminerale sind wie Sandwichs aufgebaut: Zwischen den Lagen werden Mineralien gespeichert, die sich die Wurzeln bei Bedarf dort herausholen können. Zerfallen die Strukturen, dann rauschen die Nährstoffe auf Nimmerwiedersehen in tiefere Bodenschichten ab und sind verloren. Der saure Regen des letzten Jahrhunderts ist allerdings schon längst Geschichte. Es gibt zwar noch jede Menge Schadstoffe (insbesondere Stickstoffverbindungen aus Landwirtschaft und Verkehr), die in den Wäldern niederrieseln, Säure ist aber nicht mehr allzu viel dabei. Nun klingt es logisch, dass man die alten Versauerungen durch Kalkgaben neutralisieren möchte. Doch Wald funktioniert nicht wie ein Chemiebaukasten. »Kalk gibt reiche Väter und arme Söhne« – dieser Spruch aus der Landwirtschaft zeigt das Dilemma auf. Denn Kalkgaben bewirken ein Feuerwerk im Boden, der kurze Zeit sehr fruchtbar wird, um danach zu veröden. Pilze und Bakterien laufen zur Höchstform auf und verzehren die gesamte tote organische Substanz, den Humus. Schon nach wenigen Jahren ist davon kaum noch etwas im Boden zu finden. Bei diesem Prozess gasen pro Quadratkilometer mehrere Zehntausend Tonnen Kohlendioxid aus – eine schwere Belastung für unser Klima. Noch schlimmer ist der Verlust der Wasserspeicherfähigkeit, denn Humus hält das Nass besonders gut fest. Die Folge der Kalkung ist eine kurzfristige Anhebung des Holzzuwachses, wodurch die Wälder höhere Gewinne abwerfen. Danach allerdings lassen die Bäume im Wachstum nach und verdursten teilweise in besonders trockenen Sommern. Und noch ein letztes, aber

Die Waldkalkung ist ein gutes Geschäft für die Kalkindustrie.

Kohlensaurer Magnesiumkalk – braucht der Wald diese Medizin?

nicht weniger trauriges Kapitel bleibt zu beleuchten: Es gibt Böden, die von Natur aus sauer sind. Hier leben spezialisierte Artengemeinschaften, besondere Regenwürmer, Spring-schwänze und Pflanzen, für die Kalk das Todesurteil bedeutet. Mit diesen Gemeinschaften verschwindet die Vielfalt, werden die Wälder gleich-sam uniform und monoton. Dieser Artenverlust schwächt die Bäume weiter, denn viele Gegenspieler ihrer Widersacher gibt es nun nicht mehr.

Wo gekalkt wurde, ist ohne Hub-schrauberflüge nicht so einfach zu erkennen. Lediglich ein hellbraunes Pulver oder kleine Steinchen, die auf Blättern und Nadeln liegen, weisen auf eine solche Aktion hin. Manch-mal wird der Kalk auch mit Lkws ausgebracht, auf denen ein großes Gebläse montiert ist. Vom Waldweg aus wird das Pulver damit zwischen die Bäume geblasen, und dabei bleibt auch viel an den Stämmen hängen. Zumindest bis zum nächsten Regen sind die eingestaubten Bäume gut zu sehen.

Das Waldsterben und seine Ursachen

Schüttere Baumkronen, vergilbende Nadeln und Blätter, absterbende Äste und schließlich tote Stämme: Das Waldsterben macht seit 40 Jahren Schlagzeilen. Es ist auf industrielle und häusliche Abgase sowie den Straßenverkehr zurückzuführen. Auch die Landwirtschaft verschmutzt vor allem mit Stickstoffverbindungen

Der Wald stirbt, aber nicht wegen der Luftschadstoffe ...

die Luft und damit die Wälder, die diese Schadstoffe ausfiltern. Doch all das zusammen kann die Schäden an unseren Bäumen heute nicht mehr erklären. Der Säureeintrag ist dank der Luftreinhaltemaßnahmen so weit zurückgegangen, dass sich der Gesundheitszustand der Ökosysteme wieder verbessert hat. Trotzdem beklagt der Waldzustandsbericht regelmäßig die nach wie vor kaum gesunkenen Schäden an Nadeln und Blättern. Über die wahren Ursachen schweigen die Verantwortlichen, womöglich, weil sie kein Interesse daran haben, dass diese bekannt werden. Die Luftverschmutzung und der Klimawandel sind in diesem Zusammenhang nämlich nicht mehr die Hauptschuldigen. Mir fiel schon vor etlichen Jahren auf, dass alte Buchen, die als besonders empfindlich gelten, in Schutzgebieten deutlich gesünder aussehen. Wenn die Luftverschmutzung ursächlich für kränkelnde Kronen wäre, dann dürfte das Phänomen nicht an der Grenze von Reservaten haltmachen. Doch die rund 200-jährigen Methusaleme sprechen eine andere Sprache. Da ist nichts zu spüren von nachlassender Vitalität, und selbst knochentrockene Jahrhundertsommer können den Riesen kaum etwas anhaben. Benachbarte alte Buchenwälder, in denen bereits viele Stämme gefällt worden sind, reagieren völlig anders. Sie zeigen ein Absterben der oberen Triebspitzen, meterlange tote Äste und allgemein einen zerfledderten Zustand. Ganz offensichtlich ist es die harte Bewirtschaftung, die das Siechtum bewirkt. Zerfahrener Boden, der weniger Wasser speichert, ein zerstörtes Kleinklima, welches steigende Temperaturen und sinkende Luftfeuchtigkeit aufweist infolge massenhafter Fällungen und der dadurch entstehenden Lücken – der Wald verändert sich so stark, dass alte Bäume einen Schock bekommen.

Diesen Schock zeigen sie ganz deutlich durch ein ramponiertes Aussehen. Leider bessert sich dieses nicht mehr, denn in der Regel wird weiter so gewirtschaftet. Die Folge ist eine stetig nach unten absterbende Krone, die ihren Zustand allerdings viele Jahre verschleiert. Jeder starke Sturm bricht die abgestorbenen Äste heraus, sodass die Bäume im folgenden Frühjahr gesünder aussehen. Im Laufe des Sommers stirbt die Krone erneut ein wenig nach unten ab, und im Winter »korrigiert« der nächste Sturm das Bild wieder. So wird der Baum kürzer und kürzer, bis er schließlich irgendwann keine Energie mehr hat und endgültig eingeht.

Nistkästen – fragwürdige PR-Aktion im Wald

Nistkästen mag ich, denn sie ermöglichen das Beobachten von Vögeln im Garten. Gerade im städtischen Bereich mit seinem Mangel an Höhlen ist es angebracht, den Vögeln ein wenig unter die Arme zu greifen. Im Wald sieht das allerdings ganz anders aus. Die typischen Allerweltsarten wie Meisen oder Kleiber treten auch dort in großen Zahlen auf und müssen nicht besonders unterstützt werden. Seltenere oder gar gefährdete Arten dagegen brauchen entweder

sehr viel größere Höhlen oder nehmen künstliche Gebilde vielfach gar nicht erst an. Schwarzspecht, Mittelspecht, Hohltaube oder Säugetiere wie die Bechsteinfledermaus sind auf Naturhöhlen angewiesen, wie sie nur in großen, alten Bäumen vorkommen. Falls Sie Nistkästen entlang von Waldwegen sehen, dann sollten Sie misstrauisch werden. Denn das Aufhängen hat in aller Regel nur einen Grund: Hier wird sehr hart mit dem Wald umgegangen. In natürlichen

Vorn ein fröhlicher Nistkasten, dahinter die öde Fichtenplantage: gute PR!

Wäldern sind Nisthöhlen überreich vorhanden. Pro Quadratkilometer können es mehrere Tausend sein, die in alten Bäumen zu finden sind. Manchmal sind in einem Stamm sogar mehrere übereinander ange-ordnet, quasi ein Mehrfamilienhaus der Vögel. Fachleute sprechen etwas romantischer von einer »Spechtflöte«, weil der durchlöcherte Stamm tat-sächlich dem Musikinstrument eines Riesen ähnelt. Oft ist es auch lose Rinde an einem toten Baum, unter dem Baumläufer und andere Vogel-arten Unterschlupf und Nistmöglich-keiten finden. Die moderne Forst-wirtschaft lässt so etwas jedoch kaum noch zu. Bäume, in die der Specht sein Loch schlägt, werden so bald als möglich gefällt. Im Gegensatz zur landläufigen Meinung, dieser Vogel nutze nur kranke, morsche Stämme, ist es oft gesundes Holz, welches er für seinen Wohnungsbau nutzt. Dazu hackt er erst einmal einen Eingang und lässt die Arbeit dann für viele Monate ruhen. Normalerweise fan-gen nun Pilze an, diese Öffnung zu besiedeln und das dahinter liegende Holz zu zersetzen. Ist es mürbe, dann klopft der Specht tiefer. Doch so weit kommt es oft nicht mehr, denn wenn Förster die beginnende Zerstö-rung des wertvollen Holzes bemer-ken, wird der Baum gefällt, bevor eine Wertminderung einsetzt. »Wer keine Miete zahlt, fliegt raus« – diesen Spruch habe ich selbst schon von Kollegen gehört, die sich rühmen, besonders ökologisch zu wirtschaften. Achten Sie doch einfach einmal darauf, wenn dicke Stämme von Buchen oder Eichen entlang der Wege aufgestapelt sind. Immer wieder finden sich darunter Exemplare mit Höhlen. Das ist nicht nur hässlich, sondern nach der Naturschutzgesetzgebung sogar verboten – allerdings nur für Privatleute. Forstverwaltungen sind von dieser Regelung ausgenommen, sofern sie nicht den Bestand einer Art regional gefährden. Wer das überprüfen soll? Das weiß bis heute niemand …

Um sich nach außen als Naturschützer zu profilieren, hängen solche Betriebe gerne Nistkästen auf. Diese werden oft durchnummeriert, regelmäßig kontrolliert und gereinigt. Gerne bedient man sich dazu der Hilfe von Schulklassen, weil es dann den Anstrich besonderer Fürsorge bekommt, wenn begeisterte Kinder den Vögeln helfen wollen. Noch einmal: Nistkästen in Kulturlandschaften, wie etwa dem Garten, können sinnvoll sein, den Tieren helfen und fehlende Altbäume mit Faulstellen ersetzen. Wer aber erst die viel wertvolleren natürlichen Höhlen beseitigt,

Spechtflöte: Mehrfamilienhaus für Vögel.

um dann ein paar Ersatzhilfen schön entlang der Wege aufzuhängen, der handelt in meinen Augen heuchlerisch.

Wege und Plätze für die Forstwirtschaft

Machen Sie doch einfach mal einen Versuch und zählen bei einem Querfeldein-Spaziergang durch den Wald, wie viele Schritte es bis zum nächsten Weg sind. Allzu viele werden es nicht sein, denn nach amtlichen Aufnahmen (Bundeswaldinventur) gibt es pro Quadratkilometer Waldfläche über 13 Kilometer Wege, die mittlerweile jeden Baumbestand zerschneiden. Wir haben uns daran gewöhnt: Unsere Wälder sind voller Wege, die auch noch den letzten Winkel erschließen. Das ist in einem so dicht besiedelten Gebiet wie Mitteleuropa für die Bevölkerung ein Segen, die so jeder Art von Erholung nachgehen kann. Doch ist es mittlerweile nicht zu viel des Guten? Dabei wurde in den meisten Fällen aber nicht an Wanderer gedacht, sondern an die Möglichkeit, Holz rasch und kostengünstig abtransportieren zu können. Je kürzer die Entfernung zum nächsten Weg, desto geringer die Kosten für Traktoren und Transportmaschinen, die es vom Einschlag hierher für den Abtransport per Lkw fahren und aufstapeln. Und da die meisten Bauvorhaben bis heute stark subventio-

Die meisten Waldwege dienen der Holzabfuhr.

niert werden, bauen staatliche, kommunale und private Forstbetriebe munter weiter.

Hinzu kommt neuerdings noch der massive Neu- und Ausbau für Windkraftanlagen. Ihre Einzelteile werden mit Schwertransportern in den Wald gefahren. Dazu müssen die Wege auf bis zu zehn Meter verbreitert und erheblich verstärkt werden, indem dicker Schotter aufgetragen wird. Die Kurvenradien sind für die langen Fahrzeuge zu eng, sodass bestehende Wege in diesem Bereich verlegt und erweitert werden. Jede Baumaßnahme hat eine Bodenzerstörung zur Folge, gegen die eine Harvesterfahrspur eine Kleinigkeit ist. Denn ein aufgeschütteter Weg wirkt wie ein Damm.

Ich habe es selbst schon im eigenen Revier erlebt, wie ein alter Weg einen Wasserstau bewirkte (siehe Foto auf dieser Seite, unten). Bei jedem Regen blieb das Wasser auf einer Seite stehen und ließ die Bäume regelrecht absaufen. Zwar wurde es nach einigen Wochen wieder trocken, doch das ständige Hin und Her führte dazu, dass etliche Buchen und Fichten abstarben. Erst als ich einen Durchstich durch den Weg ausgraben ließ und das Wasser hier abfließen konnte, entspannte sich die Situation.

Ein dichtes Wegenetz verringert die Kosten für den Transport.

Dieser Weg wirkt wie ein Staudamm.

Ein in den Hang gegrabener Weg unterbricht den Wasserfluss Richtung Tal.

Im Hang bewirken Wege noch etwas anderes. Hier fließt das Wasser oft in unterirdischen Schichten zu Tal. Wird nun ein Weg quer durch ein solches Band gelegt, so unterbricht er diesen Strom. Ist der Strom schwach, so trocknet er durch den Luftkontakt aus, ist er stark, so fließt er nun oberirdisch weiter. In jedem Fall ergibt sich eine Störung des Wasserhaushalts, dessen Folgen kaum erforscht sind.

Besonders schwierig ist es, wenn ein Weg ein Waldbächlein kreuzt.

Dann muss der Weg darüber hinweg geführt werden, ohne den Wasserfluss zu unterbrechen, denn ansonsten würde der Schotter gleich wieder weggespült. Macht man es sich einfach, so wird einfach ein Rohr in den Bach gelegt und der Weg anschließend darüber gebaut. Diese Variante ist die häufigste, weil besonders billig. Im Laufe der Zeit passiert nun Folgendes: Ganz allmählich spült sich das untere Ende des Rohres frei, sodass das Wasser in einem Bogen hinunterplätschert und in einer Art

Ein Durchlass ist für Wassertiere bachaufwärts unüberwindbar.

Eine gepflasterte Querrinne führt den Bach unterbrechungsfrei über den Weg.

Minitümpel landet, bevor es weiterfließt. Das Plätschern klingt in unseren Ohren idyllisch und kündet doch von einer Katastrophe. Denn der kleine künstliche Wasserfall bedeutet nichts anderes als eine Barriere, die für viele Wasserorgansimen unüberwindbar ist. Steinfliegenlarven, Bachflohkrebse, Salamanderlarven und kleine Fische, sie alle beenden ihre Reise spätestens in dem Minitümpel unter dem Rohr. Weiter bachaufwärts verödet das Gewässer nun langsam, denn wenn Tiere nur in eine Richtung wandern können (bachabwärts), dann herrscht in der anderen bald gähnende Leere.

Abhilfe können gepflasterte Querrinnen schaffen, die den Bach über den Weg führen und so in seinem Lauf kaum beeinträchtigen. Eine andere Möglichkeit ist es, größere Rohre zu verwenden und halb im Bach zu versenken. Dann bildet sich im Inneren so etwas wie ein Bachbett, und am Rohrauslauf kommt es nicht zu den ungünstigen Ausspülungen.

Kleine Bäche und Tümpel sind Lebensräume für die Larven des Feuersalamanders.

115

Warnschilder und Schranken

An Waldeinfahrten können Sie oft folgendes Bild sehen: Ein rot umrandetes Sperrschild verbietet jegliche Durchfahrt mit Ausnahme von land- und forstwirtschaftlichen Fahrzeugen, oft versperrt zudem eine Schranke den Weg. Muss das sein? Nach meiner Meinung ist das gerechtfertigt, denn bei der enormen Wegedichte in unseren Wäldern herrschte bei freiem Pkw-Verkehr kaum noch Ruhe. Zudem sind die Wege in den meisten Fällen nicht asphaltiert, um nicht unnötig Flächen zu versiegeln. Die Befestigung mit Schotter hält nur gelegentlichen Verkehr aus und würde bei stärkerer Frequentierung schnell nachgeben. Dass der zunehmende Maschineneinsatz ebenfalls solche Schäden hervorruft und die Infrastruktur so belastet, dass sie kaum noch zum Wandern taugt, steht auf einem anderen Blatt.

Apropos Wandern: Die Waldgesetze im deutschsprachigen Raum sind sehr großzügig. Sie erlauben das Betreten der kompletten Fläche, gleich ob sie im staatlichen, kommunalen oder privaten Eigentum sind. Ursache ist die »Sozialbindung des Eigentums«, die in dieser dichtbesiedelten Region der Bevölkerung

Hier ist für motorisierte Fahrzeuge Schluss – und in Feld und Wald dahinter Ruhe.

Erholung und Naturerlebnis ermöglicht. Es gibt aber dennoch ein paar Einschränkungen. So ist in Schutzgebieten der strengeren Kategorie (Naturschutzgebiet, Nationalpark, Bannwald/Totalreservat) ein Verlassen der Wege nicht erlaubt. Wer es dennoch tut, begeht eine Ordnungswidrigkeit und riskiert ein Bußgeld. Ich finde das auch in Ordnung, denn so können störungsempfindliche wilde Tiere und Pflanzen wenigstens auf einigen Promille unserer Landschaft existieren.

Waldwege dürfen mit dem Pkw grundsätzlich nicht befahren werden – auch wenn es keine Schranke und kein Verbotsschild gibt.

Schranken und Sperrschilder für Fahrzeuge wären eigentlich gar nicht notwendig, denn das Befahren von Waldwegen ist grundsätzlich untersagt. Ausnahmen gelten nur für die mit der Bewirtschaftung betrauten Personen.

Neben dem Pkw-Verkehr gibt es im Waldinneren aber auch manchmal Absperrungen für Fußgänger. Sie werden immer dann angebracht, wenn eine akute Lebensgefahr besteht. Häufigster Grund ist ein aktueller Holzeinschlag, bei dem Bäume bis auf den Weg fallen können. Daher stehen dort mobile Dreiecksschilder, oft noch mit Fähnchen zur besseren Sichtbarkeit bestückt. Manchmal erfolgt die Sperrung auch durch ein Kunststoffband, welches mit den entsprechenden Warnhinweisen bedruckt ist.

Ein weiterer Einsatz für solche Mobilschilder sind Treibjagden. Egal, wie Sie dazu stehen, bitte nehmen Sie die Schilder ernst. Jäger dürfen zwar nur dann schießen, wenn sie Wildtiere einwandfrei identifiziert haben.

117

Hinter diesem Schild wird es lebensgefährlich.

Zudem muss in der Schussbahn ein Kugelfang sein, also ein Hindernis, welches die Kugel auffängt und verhindert, dass sie kilometerweit durch die Landschaft fliegt (in der Regel ist das ein gegenüberliegender Hang). Doch ich habe schon oft genug erlebt, dass den Schützen beim Auftauchen von Wild »die Gäule durchgehen« und Sicherheitsregeln nicht beachtet werden. Zudem kann immer einmal ein Geschoss an einem Stein unkontrolliert abprallen und quer durch den Wald fliegen. Achten Sie daher am besten auf die Mitteilungen in der Presse und meiden Sie das Gebiet an solchen Tagen ganz.

Es gibt allerdings auch Schilder zum Thema Wild, die Sie nicht beachten müssen. Diese Hinweise, oft mit pseudo-amtlichem Anstrich,

dienen dem Ziel, Spaziergänger zu bestimmten Zeiten grundsätzlich aus dem Wald zu verbannen oder zumindest an die Wegenutzung zu binden. Dabei steht zweifelsfrei fest, dass Wanderer die Wildtiere viel weniger stören als Jäger – logisch, denn von Letzteren geht Todesgefahr aus, was Rehe und Hirsche sofort registrieren. Sie kennen sogar die Fahrzeuge, wie Untersuchungen aus dem Nationalpark Eifel bestätigen, und ziehen sich beim Nahen der fraglichen Geländewagen weiträumig zurück. Diese in meinen Augen unzulässigen Warntafeln, so freundlich die Wortwahl auch sein mag, dienen eher dem ungestörten Ausüben des Jagdhobbys (siehe Fotos auf Seite 119).

Das hier zuletzt genannte Schild ist zugleich auch das wichtigste, zumindest für Sie. Es zeigt in den meisten (nicht allen!) Bundesländern ein weißes Kreuz auf grünem Grund sowie eine Nummer. Die Standorte dieser Schilder sind in Rettungskarten vermerkt und liegen in Rettungswagen und den Einsatzfahrzeugen der Feuerwehr. Erleiden Sie bei einer Waldtour einen Unfall, so sollten Sie beim Absetzen des Notrufs die Nummer des Rettungspunkts mit durchgeben. So können die Helfer Ihren aktuellen Standort anfahren. Bei der Annäherung wird das Martins-

Nicht die Tiere, sondern die Jäger bitten um Ruhe – obwohl sie doch am meisten stören.

horn eingeschaltet, mit Erreichen des Schilds wieder abgeschaltet. Nun sollten Sie sich mit Rufen, besser noch einer Trillerpfeife bemerkbar machen. Die Rettungskarten können bei den Forstverwaltungen erworben oder in manchen Gebieten sogar per App auf dem Handy mitgenommen werden. Nützlich ist das System vor allem, wenn Sie allein wandern. Dazu ist es hilfreich, wenn Sie vorab schon einmal auf der Karte schauen, im Bereich welcher Rettungspunkte Sie unterwegs sein werden.

Die sogenannte »Rettungskette Forst« wurde allerdings weniger für Wanderer entwickelt, sondern primär für Waldarbeiter. Von ihnen erleidet pro Jahr jeder Dritte einen Unfall, meist abseits der Wege. Um eine schnelle Erstversorgung zu gewährleisten, reicht der Kollege nicht aus – der war ja früher zunächst unterwegs,

um Hilfe zu organisieren. Mit dem neuen System kann er nun vor Ort bleiben und den Verletzten betreuen, bis die Rettungskräfte eintreffen.

Ein Rettungsschild hilft Waldarbeitern und Wanderern bei der Orientierung im Notfall.

Auf der Pirsch

Schweift der Blick bei einer Wald-wanderung in die Schneisen links und rechts der Wege, dann fallen in regelmäßigen Abständen Hoch-sitze auf. Sie deuten darauf hin, dass hier ein gefährliches Hobby ausgeübt wird: die Jagd.

Der deutschsprachige Raum ist dicht besiedelt – ich muss es noch einmal erwähnen. Aber trotz der intensiven Freizeitnutzung durch eine große Bevölkerung werden auf der gleichen Fläche regelmäßig Tiere geschossen. Die Begründung lau-tet: Ohne ständigen Abschuss wür-den die Wildbestände explodieren, Rehe, Hirsche und Wildschweine den Laubbaumnachwuchs ein-schließlich Samen gnadenlos ver-tilgen. In der Folge bliebe nur noch der Anbau der für die Tiere weniger schmackhaften Nadelbäume übrig, sodass sich bald überall öde Mono-kulturen erstreckten, die zudem sehr anfällig für Stürme und Borkenkä-fern seien. Doch trotz oder wegen der Jagd ist genau dies eingetreten:

Die Wildbestände sind explodiert und bewegen sich auf einem Niveau, welches weltweit einzigartig ist. Wir leben in einer Landschaft mit einer der höchsten Pflanzenfresserdich-ten – die Serengeti lässt grüßen. Statt ein bis zwei Rehe hüpfen über 50 pro Quadratkilometer durchs Unterholz, statt weniger Hirsche und Wild-schweine große Rudel. Zwar breiten sich Wolf und Luchs langsam wie-der aus, doch sie fallen regelmäßig illegalen Abschüssen zum Opfer – möchte man sich hier der jagenden Konkurrenz entledigen? Die Fol-gen: Der Laubbaumnachwuchs wird gefressen, die überall vollmundig propagierte Rückkehr zu heimischen Laubwäldern bleibt Wunschden-ken. Stattdessen stehen auf über der Hälfte der Waldfläche Nadelbäume in Reih und Glied, die vom Wild gemieden werden. Ist Jagd unter sol-chen Umständen noch zeitgemäß? Das wird kaum diskutiert, und so wird der Wald immer noch in erheb-lichem Umfang »möbliert«.

Hochsitze für die Treibjagd haben kein Dach.

Hochsitze für die Jagd

Im Abstand weniger Hundert Meter ist der Wald mit Hochsitzen gespickt. Sie stehen an strategisch günstigen Punkten, wo Jäger ein gutes Schussfeld haben. Das kann ein Wegrand, eine Waldwiese oder eine Kahlfläche sein, denn neben der guten Sicht gibt es hier auch leckere Kräuter in Hülle und Fülle. Wozu braucht man überhaupt Hochsitze? Die Betonung liegt auf »hoch«, denn von dort oben hat man eine deutlich bessere Sicht auf das Gelände. Viel wichtiger ist jedoch der sogenannte Kugelfang: Wird vom Hochsitz aus geschossen, so verläuft die Geschossbahn schräg von oben nach unten. Selbst wenn danebengeschossen wird, bohrt sich das Projektil dann nach spätestens 150 Meter ins Erdreich. Würde flach vom Boden aus geschossen, dann könnte die Kugel mehrere Kilometer weit fliegen.

Hochsitze müssen per Gesetz landschaftlich angepasst konstruiert werden. In den meisten Fällen wird dies auch getan. Das Baumaterial ist überwiegend Holz, und die Abmessungen sind möglichst klein gehalten. Lediglich ein Dach gegen Regen, manchmal auch eine Holzverkleidung gegen beißenden Wind, das ist in Ordnung. Manche Jäger mögen allerdings den heimischen Komfort nicht missen und statten die Bauwerke mit Heizung, Toilette und Schlafgelegenheit aus. Hier würde die Bezeichnung »Baumhaus« besser passen …

Sitze ohne Dach sind meist für Treibjagden gedacht. Hier flüchtet das Wild vor Treiber und Hunden und läuft dann sehr schnell, sodass der Schütze mit seinem Gewehr im Anschlag mitziehen muss. Dabei wären Dachstreben im Weg. Manche Treibjagdstände sind sehr niedrig oder sitzen ganz auf dem Boden, wenn gegenüber ein Hang ist, in den eine verirrte Kugel einschlagen kann.

Jagdliche Einrichtungen dürfen nicht betreten werden, und ich würde das auch nicht empfehlen. Denn wiewohl die Unfallverhütungsbestimmungen Sicherheitsstandards vorschreiben, sind viele Konstruktionen morsch und faul.

Wiesen und Äcker für das Wild

Viele Lichtungen im Wald gleichen einer Weide: Zwischen abgefressenen Bäumchen wächst Gras, und Heuraufen sowie Maisfütterungen lassen an Haustiere denken. Die Jagd gleicht in Mitteleuropa in weiten Teilen einer Viehhaltung im Wald. Von Natur aus gäbe es nur wenige große Säugetiere pro Quadratkilometer. Sie können sich so gut verstecken, dass ein Wanderer kaum jemals eines zu Gesicht bekäme. Ähnlich ginge es den Jägern, die für ihre Jagdreviere hohe Pachten oder Kaufpreise bezahlen. Ihr Ziel ist es, regelmäßig ein

Tier zu erlegen. Noch höher schlägt das Herz, wenn ein männliches Reh mit großem Geweih oder ein dicker Keiler mit langen Eckzähnen dabei ist. Diese Trophäen werden jährlich auf Schauen ausgestellt, können mit Medaillen bedacht oder aber einfach nur über dem Wohnzimmersofa aufgehängt werden. Doch damit man regelmäßig solche Hirsche, Rehe oder Wildschweine schießen kann, muss der Bestand kräftig angehoben werden.

Der Winter ist bei allen Tieren die Zeit der Auslese. Viele Jungtiere

Diese Streuobstwiese lässt Idylle vermuten, doch das Obst soll Hirschen und Rehen zugutekommen.

123

Diese Konstruktion dient der Anlockung und Beschäftigung von Wildschweinen.

Solche Kleinstmengen an Mais dienen dazu, Wildschweine anzulocken.

sowie alte und schwache Exemplare überleben ihn nicht. So bleibt die Population in der Waage. Will man den Bestand dagegen vergrößern, dann muss man jetzt füttern. Und genau dies tun Jäger. So hieven sie die meisten Tiere über die kalte Jahreszeit und haben für das kommende Jahr umso mehr Beute. Doch abgesehen davon, dass solche Eingriffe den Wald zum Tierpark machen, hat es noch andere Folgen. Denn die ständig anschwellenden Rudel stürzen sich nicht nur auf Heu, Rüben und Mais, sondern gerne auch auf den Baumnachwuchs. Vor allem die Gipfelknospen kleiner Laubbäume verschwinden in ihren Mägen. So kann ein einzelnes Reh pro Wintertag bis zu 15 000 Bäumchen verbeißen. Diese wachsen anschließend verkrüppelt weiter, majestätische Riesen werden aus ihnen nicht mehr.

Früher, in den vom Menschen unbeeinflussten Urwäldern, war das egal. Das einsame Reh, welches pro Quadratkilometer im Wald herumbummelte, ließ immer genug kleine Bäume ungeschoren. Heute jedoch, wo die Wildbestände angeschwollen sind, bleibt kaum noch etwas übrig. Stattdessen setzen sich Nadelbäume durch – ein Grund, warum unsere Wälder heute eher der Taiga des Nordens als den Buchenurwäldern unserer Breiten gleichen.

In Bezug auf Futtereinrichtungen kennt die Fantasie der Jäger keine Grenzen. Die einfachste ist die, bei der Heu und Rüben bequem vom Anhänger gekippt werden. Schauen Sie genauer hin, dann sehen Sie, ob sich die Tiere schon daran bedient haben. Kleine Vertiefungen im Heu (Trittspuren) oder angenagte Rüben verraten die hungrigen Gäste. Aufwendiger ist der Bau von Raufen, in denen das Futter überdacht gereicht wird.

Wildschweine möchten die Jäger eigentlich nicht füttern, sondern nur anlocken. Denn die intelligenten Tiere richten enorme Verwüstungen in der Landwirtschaft an, die im Gegensatz zu den meisten Schäden im Wald von den Jägern auch bezahlt werden müssen. Kirrungen heißen diese Lockfütterungen, bei denen ein paar Handvoll Mais unter Steine gelegt, in Kisten gelegt oder in angekettete, durchlochte Fässer geschüttet werden (mehr dazu auf Seite 127). Hier wird dann nachts geschossen. Da den Wildschweinen das bisschen Mais nicht reicht, patrouillieren sie regelmäßig alle Kirrungen eines Waldgebiets ab, um den Magen voll zu bekommen. Im Endeffekt werden sie dadurch genauso gefüttert wie Rehe und Hirsche. Pro geschossenes Wildschwein summiert sich das durchschnittlich auf 130 Kilogramm. Damit nun die Jäger nicht die ganze Nacht auf dem Hochsitz verbringen müssen, stellen sie sogenannte Wilduhren auf die Steine, unter denen der Mais liegt.

Dieser frisch eingesäte Acker dient der Fütterung von Hirschen.

Deren Zeiger bleiben stehen, sobald sie umfallen. Und da Wildschweine meist pünktlich ihre Runde drehen, wissen die Schützen nun genau, wann sie auf dem Hochsitz sein müssen.

Freuen Sie sich auch, wenn Sie stundenlang durch dunkle Wälder gewandert sind und endlich einmal an eine bunt blühende Wiese gelangen? Diese dienen allerdings meistens weniger Ihrer Erbauung oder dem Artenschutz als vielmehr der Wildfütterung. Die hohen Populationen können sich kaum noch aus der Landschaft ernähren, sodass auf solchen Flächen bestens gedüngtes und gepflegtes Grün angeboten wird. Das wiederum führt dazu, dass sich die Bestände nicht auf einem natürlichen Niveau einpendeln, sondern ständig weiterwachsen können.

Unter dem Holzstamm wurde Mais versteckt.

Ungenierter ist die Anlage eines Wildackers (siehe Foto auf Seite 125). Hier werden Kohl- und Getreidearten für Rehe und Hirsche angebaut. Das geschieht mit amtlicher Duldung selbst in Bundesländern, in denen die Wildfütterung aus ökologischen Gründen verboten ist. Den Wildtieren ist es allerdings egal, ob das Futter erst geerntet, vom Feld gefahren und anschließend in Säcken wieder in den Wald zurückgebracht wird oder ob die Tiere es selbst vom Acker ernten. Genau das passiert nämlich: Es wird gepflügt, gesät, gedüngt, gespritzt und dann die ganze Pracht im Herbst und Winter einfach stehen gelassen. Eine verbotene Fütterung stellt das nicht dar, denn hier muss das Wild sich schließlich selbst bedienen. Logisch, dass nebendran ein Hochsitz steht, um das ein oder andere hungrige Tier zu erlegen – allerdings zunächst nur einzelne Exemplare, um den mühsam hochgepäppelten Bestand nicht zu sehr zu dezimieren. Der Winter wäre normalerweise die Zeit, in der die Natur kräftig aussiebt und nur die Gesunden übrig lässt. Mit ständig verfügbarer Nahrung können heutzutage allerdings alle überleben. Zur Freude der Jäger, die so eine größere Auswahl haben.

Nur eine Handvoll Mais …

Auf manchen Schneisen stehen Holz- oder Betonklötze herum. Wenn Sie diese anheben, dann kommt darunter jeweils eine Handvoll Mais zum Vorschein. Er dient zur Anlockung von Wildschweinen. Da diese als einzige Wildart auch nachts geschossen werden dürfen, muss der Vollmond ungehindert den Boden bescheinen können, um wenigstens etwas Sicht zu ermöglichen. Damit sich die dunklen Schweine besser vom Boden abheben, streuen die Jäger manchmal noch ein wenig Stroh im Umkreis dieser Lockfütterung (»Kirrung«) aus. Die Abdeckung durch schwere Klötze oder Ähnliches ist vorgeschrieben, um zu verhindern, dass sich Rehe und Hirsche am Futter bedienen können. Nur Wildschweine mit ihren unempfindlichen Nasen wühlen die darunterliegenden Körner heraus.

Die Fütterung wird in immer mehr Bundesländern verboten, damit sich die Wildbestände nicht ständig weiter erhöhen. Und doch sind die genehmigten Lockfütterungen nichts anderes: Wenn sie täglich jeweils mit einem Kilogramm Mais befüllt werden, und jedes Jagdrevier fünf bis zehn solcher Plätze betreibt, dann summiert sich das auf mehrere Tonnen pro Revier. Kein Wunder, dass die Wildschweinflut immer weiter anschwillt, denn diese setzen die Nahrungsfülle gleich in Nachwuchs um.

Oft patrouillieren die Wildschweine nachts in einem großen Rundgang alle Fütterungen ab. Daher müssen diese (so die Jäger die Schweine in ihrem Revier halten wollen) täglich nachgefüllt werden. Ansonsten würden die Tiere einfach zu den Nachbarn pilgern und dort irgendwann vor deren Büchse enden. Tägliches Nachfüllen kostet viel Zeit, und daher wird der Mais oft in Automaten angeboten. Das können teure Konstruktionen mit Zeitschaltuhr sein, billiger geht es mit mechanischen Tonnen. Diese haben unten einen Stängel, und wenn die Wildschweine mit der Nase dagegen stoßen, purzeln ein paar Körner heraus. Noch primitiver sind Kunststofffässer, die mit Löchern übersät sind. Rollen die Schweine das Fass herum, dann rieselt ebenfalls Mais heraus. Damit die Tonnen nicht irgendwo im nächsten Gebüsch landen, werden sie mit einer Kette an einem Pfahl festgemacht.

Für die Wildschweine wird aber noch mehr getan. Die Tiere suh-

Hier hat sich ein frisch gesuhltes Wildschwein geschüttelt und die Blätter bespritzt.

Hier wurde eine kleine Quelle zur Wildschwein-suhle – schade für die seltenen Quellschnecken.

len sich gern im Schlamm, um lästige Parasiten loszuwerden. Solchen Matsch finden sie in den Quellgebieten der Wälder. In diesen Quellen leben seltene Schnecken und Krebse. Wird der gesamte Bereich durchgerührt, so ersticken sie im Schlamm. Bei ein paar Wildschweinen wäre das nicht weiter tragisch, doch mittlerweile gibt es so viele, dass die meisten derartigen Feuchtgebiete zerstört sind. Oft heizen Jäger dies noch an, indem sie Mais hineinstreuen, sodass die Schweine herumwühlen müssen, um an die Körner zu kommen. Wo es solche Quellen nicht gibt, werden große Vertiefungen ausgegraben, damit sich darin das Regenwasser

staut. Das ergibt ebenfalls gern angenommene Wildschweinbadewannen. Ob sie frisch besucht worden sind, können Sie an der Trübung des Wassers erkennen. Ist es völlig schlammfarben, so waren die Tiere in der letzten Nacht hier. Klärt es sich, dann ist der letzte Besuch schon etwas länger her. Oft finden Sie in der Nachbarschaft sogenannte Mahlbäume, an denen sich die Schweine scheuern, um den Schlamm und mit ihm Parasiten loszuwerden. Auf den Blättern der umgebenden Vegetation finden sich auch kleine Schlammspritzer, die zeigen, in welche Richtung sich die Tiere nach dem Bad wieder entfernt haben.

Salz für das Wild

Ein hoch abgesägter Baumstumpf, darauf ein dicker Nagel, der einen zehn Kilogramm schweren Salzbrocken hält: Fertig ist die Salzlecke. Ähnlich wie wir mögen auch Rehe und Hirsche salzige Nahrung. In der Natur finden sie diese aber nicht, und so stellen Salzlecken wahre Wildmagneten dar. Meist sind die Stämme über 1,50 Meter hoch, sodass die Tiere nicht direkt an den weißen Klotz heranreichen. Stattdessen lecken sie am Holz, an dem das salzhaltige Regenwasser herunterläuft. Dadurch brauchen sie viel länger, um eine entsprechende Portion aufzunehmen, und genau darum geht es. Denn im Sichtfeld dieser Installation steht immer ein Hochsitz, von dem aus die ruhig stehenden Pflanzenfresser geschossen werden. Weil das so gut funktioniert, haben Jäger im Wald unzählige Lecken aufgestellt, wodurch sich der Effekt deutlich abschwächt. Wenn überall in wenigen Hundert Meter Abstand die begehrten Mineralien zur Verfügung stehen, dann verteilt sich das Wild und kommt an den jeweiligen Hochsitzen nur einzeln vorbei. Speziell bei Hirschen führt der Durst zu unangenehmen Nebenwirkungen. Weil nicht immer gleich ein Bach

Wild ist gierig nach Salz und lässt sich an solchen Salzlecken besonders leicht schießen.

oder Tümpel in der Nähe ist, versorgen sie sich im Sommer mit feuchter Baumrinde, die sie von den lebenden Stämmen ziehen.

Das Wild braucht diese Salzversorgung übrigens nicht. Lebensnotwendige Mineralien finden sich in Kräutern und Knospen zur Genüge. Die Tiere können auch ohne die Hilfe des Menschen überleben – wie seit Jahrmillionen.

Von Romantik keine Spur

In manchen Wäldern stehen Raufen, große Holzgestelle, in denen Heu vor allem für Rotwild angeboten wird. Das ist paradox, denn Hirsche sind Steppentiere und leben im Winter eigentlich in den Tieflagen, wo die Schneedecke nicht so hoch ist. Doch dort haben wir Menschen uns schon breitgemacht, und die landwirtschaftlichen Flächen, die als Ersatzsteppe herhalten könnten, sind abgeerntet und kahl. Daher ziehen sich die Tiere in den Wald zurück und fressen dort kleine Bäume. Ließe man sie hier in Ruhe, dann würden sich die Schäden in Grenzen halten, denn Hirsche verdösen im Winter die meiste Zeit des Tages und senken dabei sogar ihre Körpertemperatur erheblich ab. Das spart Energie und senkt den Nahrungsbedarf. Anstatt auf Fütterungen zu verzichten oder diese wenigstens nur in der Feldflur anzubieten, stellen Jäger solche Raufen unter Bäumen auf und verschärfen damit das Problem. Denn nach der Heumahlzeit fressen die Tiere zum Nachtisch weiter an jungen Buchen oder Eichen. Zudem wird ihr Kreislauf beim Verdauen so

Hirsche bekommen durch die Winterfütterung erst so richtig Appetit – auch auf junge Buchen.

angekurbelt, dass sie teilweise mehr Energie verbrauchen, als das Heu liefert – noch mehr Bäumchen landen in ihrem Magen. So romantisch Heuraufen im Wald anmuten mögen, so sehr sie nach Tierschutz aussehen: In Wahrheit schaden sie den Tieren und der Natur.

Umso unverständlicher ist es, dass in Österreich Hirsche per Gesetz in sogenannte Wintergatter getrieben werden. Dort füttert man sie bis zum nächsten Frühjahr, um sie dann wieder in die Wälder zu entlassen. Eine natürliche Bestandsregulierung durch Anpassung an das Nahrungsangebot des Lebensraums findet so nicht statt – Ursache für extrem hohe Wilddichten und Waldschäden.

Die gröbste Form der Fütterung ist es, wenn hierzulande Rüben, Heu oder Äpfel gleich Lkw-weise einfach auf einer Waldwiese abgekippt werden. Das spart das lästige tägliche Nachfüllen, auch wenn ein Großteil einfach verfault und dann von den Tieren nicht mehr angenommen wird. In Extremfällen sind es Brotreste, Tulpenzwiebeln oder sogar Pralinen – eben alles, was entsorgt werden muss und als billiges, wenn auch illegales Wildfutter in Frage kommt.

Achtung: Aufnahme

Vielleicht haben Sie es schon einmal gesehen: An manchen Bäumen hängen kleine, grün getarnte Kästchen von der Größe einer Tafel Schokolade (siehe Foto auf Seite 132). Es handelt sich dabei um automatische Fotoapparate, die mittels Gurt am Stamm befestigt sind. Sobald sich etwas bewegt, lösen sie aus und machen Bilder oder sogar kleine Filmsequenzen. Diese werden auf einer Speicherkarte festgehalten und können dann am heimischen Computer ausgelesen werden. Zweck ist die Erfassung der Aktivität der verschiedenen Wildarten. Die Jäger können so feststellen, ob sich an diesem Standort ein Hochsitz rentiert oder, wenn dort bereits einer steht, nachschauen, zu welcher Tageszeit ein Ansitz lohnt. Letztendlich sind die Geräte nichts anderes als die Echolote der Fischer, mit denen sie die Schwärme in den Meeren entdecken und besonders effizient nutzen können. Vielen Jägern geht es allerdings nicht um Masse, sondern um Klasse, also beispielsweise darum, wann der gesuchte Rehbock abends auf die Wiese hinaustritt.

Big brother is watching you.

ßen sie im Wald wie Pilze aus dem Boden. Doch nachdem in Österreich und Deutschland Kommunalpolitiker bei einem Schäferstündchen mit Geliebten gefilmt wurden und diese Informationen an die Öffentlichkeit gelangten, kam die Diskussion auf, inwieweit eine Videoüberwachung überhaupt zulässig ist. Das Fazit vieler Datenschutzbeauftragten lautet: Das verfassungsgemäß garantierte Recht auf informationelle Selbstbestimmung werde durch Wildkameras verletzt. Lediglich für besondere Zwecke, etwa zur Erfassung eines Luchsvorkommens, sollten Ausnahmen möglich sein. Da die Rechtslage noch umstritten ist (die Jagdverbände sehen das ganz anders), muss bis zur endgültigen Klärung ein Grundsatzurteil abgewartet werden. Fühlen Sie sich bis dahin durch installierte Kameras in Ihrem heimatlichen Waldgebiet gestört, so können Sie bei der Kommune deren Entfernung beantragen. Selbst wenn kein Abbau angeordnet werden sollte, so wird die Verwaltung zumindest auf die Problemlage aufmerksam.

Der Wald verliert dadurch seine Geheimnisse – und auch Ihre. Mir zumindest geht es so, dass ich mich zunehmend unwohl fühle. Muss ich mich einmal in die Büsche schlagen, um ein Geschäft zu erledigen, dann kann ich nie sicher sein, ob nicht ein Foto von mir demnächst beim jeweiligen Jagdpächter zu Hause für Gelächter sorgt. Und davon abgesehen finde ich es einfach nicht in Ordnung, dass jegliche Tätigkeit nun selbst in abgelegensten Winkeln rund um die Uhr erfasst wird. Seit die Kameras regelmäßig bei Lebensmitteldiscountern zu Spottpreisen angeboten werden, schie-

Wo müssen Sie in besonderem Maße mit fotografischer Überwachung rechnen? Typische Standorte für Wildkameras sind jagdlich extra hergerichtete Areale wie etwa Wildwiesen oder -äcker. Dort hän-

Man muss kein Reh sein, um sich im Wald beobachtet zu fühlen.

gen die Apparate an Randbäumen in Schussentfernung vom Hochsitz (50 – 100 Meter). Auch Salzlecken oder Kirrungen sind beliebte Aufstellungsorte. Gern genommen werden ebenfalls sogenannte Zwangswech-sel. Dabei handelt es sich um Wildpfade, die durch Hecken oder Gebüsche hindurchführen, wo Rehe oder Hirsche also auf den Meter genau abgepasst beziehungsweise abgelichtet werden können.

133

Global gesehen ist das Betretungsrecht der
Wälder keine Selbstverständlichkeit.

Spuren unserer Freizeitnutzung

Wenn Sie durch den Wald abseits der Wege spazieren, dann machen Sie etwas, was in anderen Staaten vielfach verboten ist. So etwa im Land der unbegrenzten Möglichkeiten, den USA: Dort haben wir es erlebt, dass selbst in wüstenartigen Landstrichen kilometerlange Zäune errichtet wurden, garniert mit Warnschildern, die das Betreten verbieten. Daher ist die Nutzung der Wälder Mitteleuropas zur Freizeitgestaltung keineswegs selbstverständlich, sondern ein kostbares, gesetzlich garantiertes Gut. Grundsätzlich dürfen Sie jederzeit nach Herzenslust zwischen den Bäumen umherstreifen. Das gilt für Deutschland, Österreich und die Schweiz gleichermaßen.

Ausnahmen gibt es nur für wenige Situationen. So ist der Bereich laufender Holzeinschläge aus Sicherheitsgründen gesperrt. Auch aus Naturschutzgründen ist das Verlassen der Wege in Naturschutzgebieten, Nationalparks und Bannwäldern verboten. Ansonsten sind es nur frische Anpflanzungen, oft noch durch Zäune geschützt, die nicht zugänglich sind. Alles in allem verbleiben dann mindestens 90 Prozent der Wälder, die Ihrem Entdeckerdrang offenstehen.

Möchten Sie Ihren Hund mitnehmen, so muss dieser außer in den eben genannten Schutzgebieten nicht unbedingt an die Leine. Je nach Bundesland reicht es auch, dass er in Ihrem Einflussbereich bleibt, will heißen, er kommt zu Ihnen, wenn sie ihn rufen.

Lagern in der freien Landschaft, gar Zelten, ist grundsätzlich von der Genehmigung des Waldeigentümers abhängig. Gleiches gilt für das Befahren der Waldwege. Sollen solche Aktivitäten in geschützten Wäldern stattfinden, so haben die Naturschutzbehörden noch ein Wörtchen mitzureden. Radfahren und Reiten sind ebenfalls auf Waldwege beschränkt, Letzteres in manchen Bundesländern sogar auf speziell ausgewiesene Reitwege.

Und selbst das Pilzsammeln und Blumenpflücken sind reglementiert – zum Glück. Denn die Grundlage einer Mahlzeit oder ein Handstrauß sind immer im grünen Bereich, während das gewerbliche Sammeln großer Mengen durch organisierte Trupps nicht nur Ihre Freude trübt, sondern das Ökosystem schädigt. Daher ist die kommerzielle Nutzung solcher Naturprodukte aus dem Wald verboten, und so manche Steinpilzsuppe in Restaurants umweht der Geruch des Illegalen.

Ärgerlich und schädlich: Rallye durch den Wald

Neulich erst musste ich es wieder erleben: Ich führte eine Gruppe von Naturfreunden durch mein Revier, um die ökologische Waldwirtschaft zu erklären, da hob ein Knattern und Brummen an. Auf einem uralten Waldweg, den ich langsam zuwachsen lassen will, damit es ruhiger wird, tauchte eine ganze Kolonne von Quadfahrern auf. Über zehn Fahrzeuge mit grobstolligen Reifen rauschten vorbei, die Fahrer zerrten an den Lenkern, um in der Spur zu bleiben, dann war es wieder ruhig. Mich ärgert so etwas enorm. Es ist die Rücksichtslosigkeit, mit der hier nicht nur die Gesetze übertreten, sondern auch der Wald gestört wird. Die Fahrer sind unter ihren Motorradhelmen nicht zu identifizieren, die Kennzeichen entweder schlammverschmiert oder ganz abgenommen – so ist eine Anzeige bei der Polizei wirkungslos. Das wissen die meist männlichen Teilnehmer solcher Rallyes nur zu gut, und daher suchen sie unverfroren den ländlichen Raum heim.

Warum mich das so ärgert? Unsere Wälder sind eigentlich nur kleine Inseln von höchstens einigen Quadratkilometern, auf die sich scheue Tierarten wie Wildkatze oder Schwarzstorch zurückziehen können. Diese Inseln sind zusätzlich von 13 Kilometer Waldwegen pro Quadratkilometer durchzogen, wie ich schon ausgeführt habe. Viele ungestörte Fleckchen bleiben da nicht mehr übrig, ein Grund, warum die genannten Tiere so selten sind. Wenn nun auch noch der letzte Winkel als Abenteuerspielplatz genutzt wird, dann ist für mich eine rote Linie überschritten. Denn im Gegensatz zu Wanderern, die (für Tiere) langsam und dadurch berechenbar durch den Wald ziehen, brechen Quads wie ein

Diese junge Wildkatze hatte Glück und wurde gerettet.

plötzliches Unheil über die Tierwelt herein. Sie rauschen schnell heran und verursachen dadurch Stress und Hektik. Da kann es passieren, dass Brutvögel ihre Nester verlassen und nicht mehr zurückkehren, Wildkatzen in Panik aus ihrem Revier flüchten und dabei ihren Nachwuchs im Stich lassen. Wir hatten in den letzten Jahren einen Fall, bei dem so ein Kleines zum Glück von einem Dorfbewohner gefunden wurde. Er beobachtete es zunächst vorbildlich zwei Tage lang. Als sich in dieser Zeit kein Alttier in der Nähe des Kätzchens zeigte, nahm er es mit nach Hause und zog es hier auf. (Diese Wildkatze wurde übrigens wissenschaftlich betreut und später im Westerwald ausgewildert, um die dort schwache Population zu stützen.)

Noch schlimmer als Quads sind Geländemotorräder. Die Crossmaschinen fahren querfeldein und erreichen noch höhere Geschwindigkeiten als die vierrädrigen Fahrzeuge. Dadurch ist der Stress in der Tierwelt erheblich stärker (und mein Ärger ebenfalls). Klar, dass auch diese Zeitgenossen ohne Kennzeichen fahren,

Spuren von Motocrossmaschinen. Die Fahrer erschrecken die Wildtiere durch Krach und hohe Geschwindigkeit.

durch den Helm nicht identifizierbar sind und das schamlos ausnutzen.

Und wie ist es mit der Variante ohne Motor, den Mountainbikes? Als normales Fahrrad auf Waldwegen eingesetzt, sind sie völlig in Ordnung (sofern dabei auf die Fußgänger Rücksicht genommen wird). Das reicht manchen Besitzern aber nicht aus, denn der richtige Kick kommt erst bei Fahrten über Stock und Stein. Daher werden immer wieder illegal Pisten angelegt, auf denen man die Hänge herunterrauscht. Weil das kaum Krach macht, bemerken Tiere

die Mountainbikes erst im allerletzten Augenblick. Das führt dazu, dass sie in Panik geraten und besonders weit flüchten. Gerade im Winter kann das ihr Todesurteil sein, denn dann dämmern sie normalerweise tagsüber in einer Art Halbschlaf vor sich hin, um Energie zu sparen. Wird der Kreislauf nun derart in Schwung gebracht und zu Höchstleistungen getrieben, dann verbrauchen die Tiere wertvolle Fettreserven, die eigentlich bis zum Frühjahr reichen sollten. Eigentlich.

Wer so seine Freizeit im Wald verbringt, schadet nicht nur den Tieren, sondern uns allen. Denn das freie Betretungsrecht, welches ich vorbehaltlos unterstütze, gerät dadurch in Gefahr. Es ist darauf ausgelegt, dass jeder verantwortungsvoll damit umgeht und dass für die bedrohte Natur wenigstens Resträume bleiben, in denen sie erhalten werden kann.

Mountainbiker und Wanderer auf Kollisionskurs. Solange die Menschen auf den Wegen bleiben, stören sie die Waldtiere kaum. Auf illegalen Pisten haben die Radler dagegen nichts zu suchen.

Menschliche »Wildwechsel« und die Folgen

Wenn Sie sich zu Fuß durch den Wald bewegen, dann vergessen Sie bitte eine alte Weisheit aus Kindertagen, die da lautete: »Immer schön leise sein!« Wer sich unterhält und dabei langsam von A nach B bewegt, ist für Wildtiere berechenbar und gehört damit nicht zur Kategorie der potentiellen Raubtiere. Während Jäger leise zum Hochsitz schleichen, knackt nur hier und da ein Ästchen unter den Schuhsohlen. Ähnliches passiert, wenn ein Luchs, Wolf oder Bär auf Beutezug unterwegs ist. Sicherheitshalber verziehen sich Rehe und Hirsche und legen eine möglichst große Distanz zwischen sich und die Gefahr. Wer jedoch laut auf sich aufmerksam macht, lässt seine Bewegungsrichtung offen mitverfolgen und schleicht sich definitiv nicht an. Wenn Kinder fröhlich durch den Wald lärmen, fühlen sich die wilden Bewohner also wohl. Steht das nicht im Widerspruch zu röhrenden Crossmaschinen und Quads? Nein, denn entscheidend ist das Tempo – mit mehr als 5 km/h ist Homo sapiens ja nicht unterwegs. So geschieht die Annäherung an Tiere langsam, und diese können gute einschätzen, ob Ihre Route deren Verstecke kreuzt oder nicht. Selbst Jogger sind unter diesen Gesichtspunkten gemächliche Zeitgenossen, die zudem durch ihren Verbleib auf den Wegen, also menschlichen »Wildwechseln«, kalkulierbar sind.

Von Pferden aus wird niemals geschossen, und diese Wesen fres-

Zum Schutz des Weges ist Reiten hier verboten.

In Reitern sehen Waldtiere keine Gefahr.

sen kein Fleisch. Daher können Reiter bei ihren Ausritten in Wald und Flur oft besonders entspannte Tierbeobachtungen machen. Weniger schön sehen anschließend manche Wege aus. Während verantwortungsvolle Pferdebesitzer bei schlechtem Wetter maximal im Trab reiten, ist einigen Zeitgenossen der Geschwindigkeitsrausch offenbar wichtiger als das Allgemeinwohl. Unter den donnernden Hufen verwandelt sich die glatte Oberfläche im Galopp zu einer Matschpiste, aus der die Brocken mit jedem Sprung herausfliegen. Die Kosten hierfür trägt der Forstbetrieb, und weil das in Ballungsräumen ganz schön ins Geld gehen kann, sperren einige Bundesländer kurzerhand viele Trassen und weisen spezielle Reitwege aus. Was freundlich klingt, ist tatsächlich eine Verbannung auf wenige Strecken. Im grundsätzlich dünn besiedelten Rheinland-Pfalz etwa darf bisher noch jeder Weg in der freien Landschaft für das Reiten genutzt werden – eine Regelung, die meine Frau und ich selbst schon oft für unsere Ausritte in Anspruch genommen haben.

141

In die gleiche Kategorie wie Wanderer fallen für mich Geocacher, die mit einem GPS-Gerät auf »Schatzsuche« gehen, solange die Verstecke nicht in ökologisch sensiblen Kleinbiotopen, sondern entlang von Wegen liegen. Was sollte sie von anderen Waldbesuchern unterscheiden? Einzig die Konzentration dieser Besucher auf bestimmte »Caches« könnte die Störungsfrequenz ein wenig erhöhen. Verglichen mit den neuen Premium-Wanderwegen, die

überall neu entstehen, kann man das jedoch vernachlässigen. Diese Wanderpfade werden häufig zusätzlich zu dem bereits vorhandenen üppigen Wegenetz eingerichtet und führen zu noch mehr Unruhe im Wald.

Jogger sind ein besonderes Publikum. Sie nutzen die gute Waldluft für Trainingsläufe, und Wege ohne Steigung werden häufig für die Vorbereitung auf die Teilnahme an einer Marathonveranstaltung genutzt. Die Wege werden durch ihre Aktivitäten nicht beeinträchtigt, umgekehrt werden jedoch von ihnen hohe Ansprüche an den gleichbleibend guten Zustand der Wege gestellt. Das kann im Rahmen der Holzernte, für die diese Wege primär gebaut wurden, jedoch zu Verstimmungen führen. Herumliegende Äste, gar eine tagelange Absperrung oder quer liegende Stämme nach einem Sturm, die wegen anderer Prioritäten nicht sofort geräumt werden – die Liste der Beschwerden ist lang. Abhilfe würden Geldmittel aus dem Touristiktopf der jeweiligen Stadtverwaltung schaffen, die die schnelle Wiederherstellung der gewohnten Qualität sichern. Solange die Forstbetriebe dies in den meisten Fällen aus ihrem ohnehin knappen Budget begleichen müssen, wird es weiterhin Konfliktpotential geben.

Ernten ohne zu säen: Pilze und Beeren sammeln

Leuchtende Walderdbeeren am Wegesrand, tellergroße Steinpilze zwischen verwunschenen, moosüberzogenen Baumwurzeln – können Sie dazu Nein sagen? Ich greife jedenfalls gerne zu und lasse mir die würzigen Funde gerne schmecken.

Die Nutzung der Waldfrüchte ist eine jahrtausendealte Tradition und versorgte unsere Vorfahren schon lange bevor der Ackerbau und die Viehzucht erfunden wurden. Ob dem Wald diese Nutzung schadete oder nicht, war damals nicht von Interesse. Heute jedoch ist kaum jemand auf die zusätzlichen Kalorien aus der Natur angewiesen, und da sollte die Frage erlaubt sein, ob wir damit dem Ökosystem schaden.

Zunächst einmal ist jede Entnahme von Biomasse ein Verlust an Nährstoffen. Wo Beeren im Vogelmagen enden und anschließend als Düngerpaket wieder ausgeschieden werden, ist der Verzehr durch Menschen meist eine Sackgasse, die in der nächsten Kläranlage endet. Im Vergleich zu der Holznutzung, bei der jährlich pro Quadratkilometer Waldfläche 1000 Tonnen Biomasse in Form von Stämmen geerntet und entfernt werden, kann man das allerdings vernachlässigen. Schwieriger ist da die Frage nach dem Nahrungsentzug für andere Waldbewohner zu beantworten. Pilze etwa sind wichtig für eine Reihe von Schnecken, Fliegen, Rüsselkäfern oder Milben. Werden sie radikal beerntet, wie dies etwa professionelle Sammeltrupps für Restaurants alljährlich machen, so tritt eine doppelte Schädigung auf. Zunächst ist es der Nahrungsentzug

Wer kann dazu schon Nein sagen!

143

durch das Abernten der Fruchtkörper, von denen den geübten Augen
kaum einer entgeht. Abgesammelte
Wälder sehen in Bezug auf Speise-
pilze wie leer gefegt aus. Und hier
setzt die zweite Schädigung ein. Was
wir als Pilze bezeichnen, sind die
Fruchtkörper eines unterirdischen
Geflechts, welches sich mit den
Baumwurzeln verbindet und den
kompletten Waldboden durchzieht
und vernetzt. Die Fruchtkörper bilden Sporen und helfen somit, den
örtlichen Bestand zu erhalten und zu
vermehren.

Werden bestimmte Pilze nun an
der Fortpflanzung gehindert, dann
geht ihre Anzahl lokal ganz allmählich zurück. Ganz allmählich deshalb, weil sie viele Jahrzehnte alt werden können und so lange ihr Areal
besetzt halten. Doch irgendwann
muss auch ein Pilz sterben, und dann
gelangen an seinen Standort Sporen
von den Arten, die die Sammler verschmähen und stehen lassen. Über
größere Zeiträume kann damit eine
Verschiebung des Artenspektrums
eintreten, was ebenfalls für die mit
den jeweiligen Pilzarten eng ver-
knüpften Lebensgemeinschaften gilt.
Daher ist es sinnvoll, mehr Wald-
schutzgebiete einzurichten, in denen
das Sammeln unterbleibt. In den
meisten Bereichen, in denen etwa

Im Schutzgebiet sind Pilzsammler unerwünscht.

durch die moderne Plantagen-Forst-
wirtschaft ohnehin kein echter Wald
mehr existiert, sehe ich das weniger
problematisch. Und wenn sich jeder
an die vorgeschriebene Regel hält,
nicht mehr als für eine Mahlzeit zu
sammeln, dann dürften noch genügend Fruchtkörper für die Vermeh-
rung übrig bleiben.

Winzige Pilzfäden vernetzen den Waldboden.

Stachelbeersträucher unter Bäumen?

Immer wieder stoße ich in meinem Revier auf verwilderte Stachelbeersträucher. An ihnen wachsen zwar kaum Beeren, weil es unter dem Blätterdach zu schattig ist, doch auch so ist es ein interessantes Phänomen. Denn diese Sträucher gehören in der Eifel nicht zur natürlichen Vegetation. Sie wachsen im Wald, weil sie im Garten niemand mehr haben wollte. Daher wurden die Stachelbeeren zusammen mit anderen Grünabfällen einfach an den Waldwegen den Hang hinab gekippt – ein beliebter Volkssport auf dem Lande. Zwar gibt es mittlerweile überall Grünabfallsammelstellen, doch für manchen Zeitgenossen ist das Warten auf den nächsten Termin oder die Fahrt zur Sammelstelle offenbar schon zu viel. Grundsätzlich ist das für den Wald unproblematisch, denn dadurch bekommt er noch ein wenig mehr Humus zugeführt. Wenn die Abfälle allerdings dazu führen, dass sich nichtheimische Arten ausbreiten und angestammte Pflanzen verdrängen, dann sieht die Sache schon anders aus. Solange die Wälder dicht mit Bäumen bestanden und dadurch schattig sind, kann nicht viel passieren. Entstehen jedoch durch Holzeinschlag oder Sturmwurf Lücken im Kronendach, so explodiert die Bodenvegetation vielfach. Und manchmal kommen dann auch die ungeliebten Gartenpflanzen zum Zuge.

Grünabfälle, die einfach im Wald abgekippt werden, können die heimische Vegetation verändern. Auf diesen Kompost kann der Wald verzichten.

Ein Großteil des Waldes
gehört allen!

Was bleibt zu tun?

Was können Waldfreunde machen, um die Bewirtschaftung ihrer Heimatwälder zu beeinflussen? Müssen wir hilflos mit ansehen, was mit unseren Wäldern geschieht? Das müssen und sollen wir nicht – schließlich liegt es in der Verantwortung jedes Einzelnen, wie es mit unserem Naturerbe weitergeht. Dabei sind die Einflussmöglichkeiten vielfach begrenzt, aber wenn man sie kennt, kann man wenigstens diesen bescheidenen Rahmen ausschöpfen. Doch zunächst sollten Sie erfahren, wie die Verwaltungsstrukturen aussehen, um die richtigen Ansprechpartner zu finden. Anschließend betrachten wir, wie Sie dort tätig werden können.

Nicht verzagen, Förster fragen

Wenn Sie wissen möchten, wo und wie Sie Einfluss nehmen können, dann ist zunächst die Kenntnis der Verwaltungsstrukturen hilfreich. Direkt vor Ort im Wald ist erst einmal der Förster oder Revierleiter zuständig (ja, in den meisten Fällen sind es Männer). Er ist Ihr Ansprechpartner für alle Fragen rund um die Forstwirtschaft. Die Telefonnummer ist in der Regel auf der Homepage des zuständigen Forstamts zu finden; die Stadtverwaltungen können ebenfalls Auskunft geben. Kommt Ihnen eine Maßnahme im Wald merkwürdig vor, so ist es sinnvoll, erst einmal das persönliche Gespräch zu suchen.

Weil jede Fläche einem Revier zugeordnet ist, gibt es kein forstliches Niemandsland. Was es allerdings gibt, das sind selbst ernannte Waldhüter. Meist handelt es sich um Jäger, die sich vor den Besuchern aufbauen und Forderungen stellen. So etwa nach dem Anleinen von Hunden, dem Verlassen der Wälder nach Einbruch der Dämmerung oder ähnlichen, häufig nicht durch das

Gesetz gedeckten »Tatbeständen«. Fragen Sie im Zweifelsfall nach einem Ausweis. Amtspersonen können sich neben ihrer Dienstkleidung mit Hoheitsabzeichen entsprechend legitimieren.

Das Forstamt ist die nächsthöhere Verwaltungseinheit und fasst zehn bis 20 Reviere zusammen. Alles, was die Förster mit Ihnen nicht abschließend oder zufriedenstellend regeln können, landet hier auf den Schreibtischen. Hauptsächlich werden jedoch die Waldbesitzer kontrolliert, in der Bewirtschaftung unterstützt oder diese gleich ganz übernommen.

Die Forstämter werden zu oberen Forstbehörden zusammengefasst, die ab dieser Ebene in jedem Bundesland anders heißen (in Rheinland-Pfalz etwa »Zentralstelle der Forstverwaltung«). Über all dem thront das Ministerium, und genau hier würde ich ansetzen, wenn ich im ersten Anlauf auf der unteren Ebene keinen Erfolg hätte. Selbst wenn Sie vordergründig auf Ihre Eingabe hin nichts an konkreter Hilfe erhalten und das Verhalten der örtlichen Verwaltung sogar in Schutz genommen wird: Hinter den Kulissen raucht es! Die entsprechenden Förster erhalten Dienstpost, es werden unangenehme Fragen gestellt und darauf hingewiesen, zukünftig bitte dies und jenes anders zu handhaben. Von all dem werden Sie nichts mitbekommen, aber es geht ja auch nicht um den persönlichen Triumph, sondern um den Wald, und dem wird geholfen.

Wem gehört der Wald und wer kann mitbestimmen?

Wenn ich Kinder frage, wem der Wald gehört, dann antworten sie meist mit einem entschiedenen »Dir!«. Schön wäre es, doch noch schöner für die Allgemeinheit ist die Wahrheit: Über die Hälfte der deutschen Gesamtfläche (genau 56 Prozent) ist öffentlicher Wald, also im Besitz von Gemeinden und Städten sowie dem Staat. Und das heißt nichts anderes, als dass es auch Ihr Wald ist. Natürlich gehört Ihnen nur ein Bruchteil eines millionstel Anteils. In Deutschland bedeutet dies, dass auf Sie rund 800 Quadratmeter öffentliche Wälder entfallen; leben Sie in Österreich, dann sind es 3800 Quadratmeter, und in der Schweiz immerhin 1150 Quadratmeter. Über diese Waldfläche können Sie im Rahmen Ihrer demokratischen Möglichkeiten mitbestimmen.

Das Bewusstsein dafür ist momentan leider noch schwach ausgeprägt, und daran soll sich auch so schnell nichts ändern. Zumindest aus der Sicht vieler Förster, die sich oft jegliche Einflussnahme von außen verbitten. Das kann ich gut verstehen, schließlich wirtschaftet es sich ohne unbequeme Fragen oder gar Beschwerden sehr viel leichter. Dabei verwalten sie den Wald lediglich in Ihrem Auftrag, sind also Dienstleister der Bevölkerung. Forstbehörden haben dabei allerdings eine Sonderstellung: Sie sind Kontrollorgan und Waldbewirtschafter in Personalunion. Kein Wunder, dass in den öffentlichen Berichten stets beteuert wird, die Forstwirtschaft sei im höchsten Maße nachhaltig und ökologisch.

Im öffentlichen Wald ist die Holzerzeugung nachrangig, wie das Bundesverfassungsgericht bereits 1990 festgestellt hat. Stattdessen haben Naturschutz und das Erholungsbedürfnis der Bevölkerung Vorrang. Das ist in den privaten Wäldern nicht der Fall; hier können die Eigentümer im Rahmen der Gesetze andere Prioritäten setzen, ohne jemand fragen zu müssen. Aufgrund dieser Rechtslage und unterschiedlichen Zielsetzung müsste man eigentlich öffentliche und private Forste rein optisch sehr gut voneinander unterscheiden

Im Forstrevier finden Sie vor Ort einen ersten direkten Ansprechpartner.

können. Doch da die kommunalen und staatlichen Forstverwaltungen momentan auf maximalen Holzeinschlag setzen, ist das nicht der Fall. Es ist an der Zeit, dass die Eigentümer (also die Bevölkerung) ihre Dienstleister an ihren ursprünglichen Auftrag erinnern. Ob dies erfolgversprechend ist und wie so etwas funktioniert, das schauen wir uns im folgenden Abschnitt etwas genauer an.

Einmischen ist erlaubt

Ihnen gefällt es nicht, wenn Sie im Wald die Fahrspuren schwerster Maschinen sehen? Wäre es Ihnen lieber, dass stattdessen Kaltblutpferde durchs Laub stapften? Oder werden für Ihren Geschmack zu viele alte Laubbäume gefällt? All das müssen Sie zumindest im öffentlichen Wald nicht hinnehmen, denn der gehört ja Ihnen, wie Sie schon wissen. Der einfachste Weg ist, den zuständigen Förster direkt anzusprechen. Vielleicht gibt es ja gute Gründe, warum der Holzeinschlag so und nicht anders gemacht wird. In den meisten Fällen werden Sie jedoch schwammige Pseudofakten zu hören bekommen, hier eine kleine Auswahl: Der Harvester sei sehr schonend, weil er so breite Reifen habe und kaum Spuren hinterlasse (nein – gerade die nicht sichtbaren Tiefenschäden sind das Problem). Pferde könnten die schweren Stämme nicht ziehen, außerdem gäbe es gar nicht genug Anbieter (nein – schwere Stämme kann man zerteilen, und viele Pferderücker warten auf Aufträge). Die Holzerzeugung selbst mit diesen Begleitschäden sei unter dem Strich immer noch sinnvoller als der Import von Tropenhölzern. (Wie wäre es mit einer Reduzierung des Holzverbrauchs?) Der Wald müsse dringend verjüngt werden, deshalb müssten die völlig überalterten und sogar gefährlichen Bäume weichen (nein – gerade alte Wälder sind besonders stabil, wie Urwälder weltweit beweisen).

Die Argumente sind ausgetauscht, der Wald wird weiter wie gehabt bewirtschaftet, und Sie sind verständlicherweise noch unzufrieden? Dann wäre es Zeit, sich an Ihre gewählte Volksvertretung zu wenden. Forstwirtschaftspläne werden in Gemeinden und Städten öffentlich beraten, Sie können also an den Sitzungen teilnehmen. Bei Landeswald bleibt Ihnen immerhin die Kontaktaufnahme mit Abgeordneten des Forstausschusses, den es auch für die Bundesparlamente gibt. Bringt alles nichts? Dann wird es Zeit, einer Bürgerinitiative beizutreten oder sogar selbst eine zu gründen. Dazu brauchen Sie nur wenige Mitstreiter, und ich persönlich halte das für den mit Abstand erfolgversprechendsten Weg. Schauen Sie einmal auf die Internetseite der »Waldfreunde Königsdorf« (www.waldfreunde-koenigsdorf.de). Diese haben es tatsächlich geschafft, sich in die Bewirtschaftung des naheliegenden Staatswalds des Landes

Beim Waldspaziergang gibt es viele Menschenspuren zu entdecken. Den Förster auf Dinge anzusprechen, die Sie nicht verstehen oder die Ihnen aufgefallen sind, ist ein erster Schritt.

Nordrhein-Westfalen gründlich einzumischen. Gespräche mit dem Forstamt und sogar dem Umweltminister haben dazu geführt, dass die Böden besser geschont und keine alten Laubbäume mehr eingeschlagen werden. Ähnliche Initiativen gibt es mittlerweile bundesweit, auch wenn manche noch in den Anfängen stecken. Etwas weniger aufwendig ist der Beitritt zur Ortsgruppe eines Naturschutzverbands. Auch hier wird bei der Waldbewirtschaftung mitgeredet, jedoch oft weniger mit lokalem Bezug. Und wenn Sie ein wenig Geld anlegen möchten, könnten Sie sich sogar ein eigenes Waldstück kaufen (Größe ab einem Hektar, Preis je nach Qualität um ein Euro pro Quadratmeter). Hier redet Ihnen niemand rein, und Sie können sofort und ohne Kompromisse ökologisch wirtschaften.

151

Besiegelt: über den Einkauf Einfluss nehmen

Freuen Sie sich auch über ein heimeliges Kaminfeuer? Ich selbst heize unheimlich gerne mit Holz. Auch im Alltag umgebe ich mich mit dem Rohstoff, sei es in Form von Möbeln oder einem fußfreundlichen Dielenboden. All das hat seinen Ursprung im Wald, und damit ist klar, dass für jedes Produkt Bäume gefällt werden müssen. Im Gegensatz zu den Werbeversprechen der Waldbesitzerverbände und Forstverwaltungen muss eines klar festgestellt werden: Forstwirtschaft ist kein Naturschutz, jeder Eingriff schadet dem empfindlichen Ökosystem. Allein der Entzug von Biomasse bedeutet schon

einen Verlust an Wasserspeicherfähigkeit, einen Nährstoffaustrag und die Zerstörung von Kleinstlebensräumen. Daneben ändert sich das lokale Klima, weil nun mehr Sonne den Boden erreicht. Über Begleitschäden wie die Bodenverdichtung haben wir schon gesprochen, und egal, wie schonend die Holzernte ist – irgendwie müssen die Stämme abtransportiert werden, und dazu braucht man Wege. Jeder Kauf bewirkt draußen in der freien Landschaft Veränderungen. Und die können Sie zumindest ein bisschen beeinflussen. Die naheliegendste Möglichkeit ist, einfach weniger zu verbrauchen.

Überall dort, wo wir Holz dennoch einsetzen müssen oder wollen, können Siegel helfen. Im Wesentlichen sind es zwei, die sich den Markt aufteilen: FSC *(Forest Stewardship Council)* und PEFC *(Programme for the Endorsement of Forest Certification Schemes).* Während das erste von einer breiten Allianz aus Wirtschaft, Gewerkschaften und Umweltverbänden getragen wird, wird das zweite von der Forstwirtschaft dominiert. Richtig gut finde ich beide nicht, doch FSC bemüht sich zumindest, die gesetzlichen Standards zu übertreffen. Die Förderung heimischer

Baumarten, die Einschränkung der Bodenbefahrung, der Verzicht auf Chemie sind nur einige Aspekte, die dem Wald helfen sollen. Hier ist das PEFC-Siegel großzügiger im Sinne der Forstwirtschaft. Doch auch FSC hat schon Holz aus Kahlschlägen zertifiziert, wie ich selbst im Nationalpark Eifel feststellen konnte. Zudem wird in Skandinavien, woher viel Zellstoff für unser Papier importiert wird, eine brutale Holzernte toleriert, die bei uns gegen viele gesetzliche Bestimmungen verstoßen würde. Dennoch ist der Kauf von Produkten mit dem FSC-Siegel aktuell die beste Möglichkeit, wenigstens ein bisschen auf eine Verbesserung hinzuwirken. Denn der FSC reagiert auf Kritik und passt seine Standards laufend an. Der Kauf gesiegelter Produkte, gepaart mit einer gesunden Skepsis, ist momentan die richtige Strategie, um den Wald zu unterstützen.

Daneben gibt es noch viele Labels, die sich einzelne Handelsketten oder Produzenten selbst verpassen. Sie sehen zwar beruhigend aus, besagen aber leider wenig. Im Zweifelsfall würde ich zumindest auf Tropenholz verzichten und Produkte aus Bäumen heimischer Forsten, wie etwa Buche, Eiche, Fichte oder Kiefer, wählen. Am sichersten ist noch der eigene Augenschein: Zumin-

Auch beim Kauf von Brennholz für den heimischen Ofen sollte nicht nur auf den Preis geachtet werden.

dest beim Brennholz können Sie lokal kaufen, beim Verkäufer genau nachfragen, woher das Holz kommt, und sich den Wald anschließend anschauen. Und wenn die Umstände akzeptabel sind, dann genießen Sie Ihr Ofenfeuer! Denn trotz aller Beeinträchtigungen, die eine Holznutzung für den Wald mit sich bringt, bleibt der Mensch Bestandteil der Natur und hat gewisse Rechte – sofern er sie verantwortungsvoll nutzt.

Mit Geduld ans Ziel

Manchmal will man gar nicht alles wissen. Wo Sie auch hinschauen, waren Menschen am Werk, meist nicht zum Vorteil des Waldes. Macht dann ein Spaziergang überhaupt noch Spaß? Auf jeden Fall! Denn man kann es auch umgekehrt sehen: Immer wieder gibt es auch Zeichen der Hoffnung. Junge Buchen unter Kiefern, ein alter Wald mit einem Schild, dass diesen als Schutzgebiet ausweist, ein leise schnaubendes Rückepferd, welches schonend die Stämme an den Weg bringt. Das alles ist zwar noch nicht die Regel, aber das kann es ja noch werden. Zudem sind die Forstverwaltungen zunehmend der öffentlichen Kritik ausgesetzt und entsprechend gesprächs- und handlungsbereit. Dabei ist der aktuelle Zustand Ihres heimatlichen Waldes nicht so entscheidend wie die Veränderungen, die sich im Laufe der Jahre zeigen. Mithilfe dieses Buchs können Sie feststellen, ob es mehr in Richtung Ökologie oder industrieller Plantagenwirtschaft geht. Und weil

Wald ein sehr langsames Ökosystem ist, verändert er sich auch als bewirtschaftetes Objekt nur über lange Zeiträume. Das können Sie über viele Jahre hinweg beobachten, eine entspannende Tätigkeit, die vor allem eines lehrt: Geduld. Das zeigt die Zunahme der Bewaldung: Während vor 200 Jahren fast ganz Mitteleuropa abgeholzt war, stehen nun auf rund einem Drittel (in Österreich sogar fast der Hälfte) der Fläche wieder Bäume. Der nächste große Schritt ist nun, diese Fläche wieder von Plantagen in halbwegs natürliche Wälder zu überführen. Dabei können Sie nicht nur zuschauen, sondern durch Einmischung mitwirken. Und wenn die Entwicklung weitere 200 Jahre dauert, dann ist das für uns eine halbe Ewigkeit, für den Wald hingegen nur ein Wimpernschlag.

Der Autor

Der Förster Peter Wohlleben war zwanzig Jahre Beamter in der Landesforstverwaltung Rheinland-Pfalz, bevor er kündigte, um sein »Traumrevier« in der Eifelgemeinde Hümmel (Kreis Ahrweiler) zu übernehmen. Dort setzt er konsequent auf den Aufbau urwaldähnlicher Laubwälder und den Verzicht auf tonnenschwere Holzerntemaschinen und den Einsatz chemischer Substanzen.

Peter Wohlleben ist engagierter Naturschützer, bietet Waldführungen an, hält Vorträge und Seminare und schreibt Bücher über sanfte Wege der Waldnutzung. (Mehr erfahren Sie unter www.peter-wohlleben.de.)

Im pala-verlag sind von ihm außerdem die Titel »Bäume verstehen«, »Kranichflug und Blumenuhr« und »Die Gefühle der Tiere« erschienen.

Peter Wohlleben:
Kranichflug und Blumenuhr
ISBN: 978-3-89566-310-9

Peter Wohlleben:
Bäume verstehen
ISBN: 978-3-89566-299-7

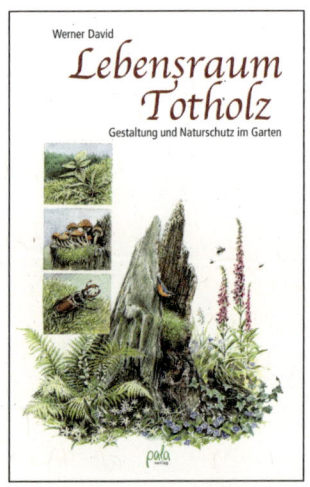

Werner David:
Lebensraum Totholz
ISBN: 978-3-89566-270-6

Dirk. A. Diehl:
Ein Garten für Fledermäuse
ISBN: 978-3-89566-311-6

Erhard Maria Klein:
**Wesensgemäße Bienenhaltung
in der Bienenkiste**
ISBN: 978-3-89566-341-3

Peter Wohlleben:
Die Gefühle der Tiere
ISBN: 978-3-89566-337-6

Uwe Westphal:
Schräge Vögel
ISBN: 978-3-89566-342-0

Klaus Richarz:
Vögel in der Stadt
ISBN: 978-3-89566-343-7

Irmela Erckenbrecht:
Duftoase Kräuterspirale
ISBN: 978-3-89566-344-4

Ulrike Aufderheide:
Schöne Wege im Naturgarten
ISBN: 978-3-89566-340-6

Paula Polak:
**Regenwasser im Garten
nachhaltig nutzen**
ISBN: 978-3-89566-285-0

Brigitte Kleinod:
Grüne Wände für Haus und Garten
ISBN: 978-3-89566-339-0

Natalie Faßmann:
Auf gute Nachbarschaft
ISBN: 978-3-89566-257-7

Agnes Pahler:
Das Kompostbuch
ISBN: 978-3-89566-315-4

Astrid Martinez Paternia:
Mais – das goldene Korn
ISBN: 978-3-89566-327-7

Ulla Grall:
Bohnen – vom Garten in die Küche
ISBN: 978-3-89566-298-0

Gesamtverzeichnis bei:
pala-verlag, Rheinstraße 35, 64283 Darmstadt, www.pala-verlag.de

ISBN: 978-3-89566-352-9
© 2015: pala-verlag,
Rheinstraße 35, 64283 Darmstadt
www.pala-verlag.de
2. Auflage 2016
Alle Rechte vorbehalten

Bildnachweis:
Seite 8, 115, 141, 151: Miriam Wohlleben;
Seite 35 oben, 76, 81 oben: Nico Bonnani;
Seite 36, 103: Simon Becker;
Seite 46: Andi Rekoskum;
Seite 88: Robin Rieck;
Seite 155: Tobias Wohlleben;
Seite 128 oben, 140: Barbara Reis;
Seite 130: Martina Berg / fotolia;
alle anderen Fotos: Peter Wohlleben
Titelfotos: Peter Wohlleben

Lektorat: Barbara Reis
Satz und Gestaltung: Verlag Die Werkstatt, Göttingen
www.werkstatt-verlag.de

Druck und Bindung: BELTZ Bad Langensalza GmbH
www.beltz-grafische-betriebe.de
Printed in Germany

Dieses Buch ist auf Papier aus 100 % Recyclingmaterial gedruckt.